CROSSING
BEYOND
THE
DIGITAL
ERA

追求台灣的無限可能

新苗・薪火

朱永光——編著

〈前言〉

新苗薪火　攜手共創台灣新經濟

美商中經合集團　董事總經理　朱永光

物聯網及VR/AR的嶄新應用、區塊鏈及人工智慧的發展，數位科技的進步猶如新世代經濟的火車頭，正快速地重塑人類經濟活動的樣貌。這波新經濟來得又急又猛，帶動台灣產業從傳統製造工業經濟的型態，轉變成新的科技經濟型態；其破壞式的創新，顛覆了傳統商業模式，不僅為各行各業帶來成長新動能，也為年輕人創業帶來新機會。

在我個人近二十年新事業開發及投資工作生涯中，長期透過中經合集團跨區域的平台資源，協助台灣新創公司進入國際及資本市場，及在為《經濟日報》撰寫「薪火新苗」專欄的晤談過程，看到一批批台灣年輕創業家的崛起，也觀察到新世代創業的精神與內涵，與上一代大大不同。

這群年約三十五歲的新世代創業家，他們擁有良好的國內外教育背景，成功整合過去台灣資通訊產業發展所累積的實力，不論是技術研發、製造、管理、上下游供應鏈乃至於人才培育、產品國際化及品牌建立等，可說是在父兄前輩所奠定的基礎上，結合新科技、新經營模式，以豐沛的創新創業能量，打造台灣新經濟。

過去以OEM/ODM代工、硬體生產製造為主的台灣企業，硬資本創業、廠房設備等資金需求大，業務拓展是拎著一卡皮箱勇闖海外，公司基礎穩定後建立品牌，透過併購等方式逐步國際化；而創業者多是經歷工作歷練後才創業，透過產品、技術的升級，提升競爭力，創造台灣近三十年來的經濟奇蹟。

如今拜網路科技發展之賜，新世代的創業轉以軟體、服務為主，輕資本、少人力、智慧科技、精實創業的特色，讓創業門檻大幅降低，加上社群媒體及雲端科技的運用，大大提升了連結國際資源及市場的可能性，他們往往在創業的第一天就有立足台灣、放眼國際的野心；因應快速的時代變遷，勇於發想築夢的新世代創業也呈現摸石過河、且戰且走，沒有既定公式的變形蟲模式，把舊的技術科技化、新世代化。

每一個世代都有其天下千秋，雖然創業的內容及方式大大不同，但共同點都是運用台灣優秀、勤奮的工程師人才，以台灣為立足點，善用科技力量及行銷手法，帶著產品、研發技術及服務躍上國際舞台，打造屬於台灣的國際品牌。

此外，台灣還有另一群青年創業家，他們具有本土關懷意識及社會公益理想，正藉由商業力量以企業經營的方式解決社會問題，實踐所謂「社會創新」的理念。相較於慈善團體解決社會問題，主要依靠政府或善心捐款以維持運作，或是企業通常在獲利後才從事公益及履行企業社會責任，他們同時肩負社會使命與營運獲利，不但打破了社會公益與商業企業的界線，也開啓更多社會創新思維，形塑另一種嶄新的企業生態。

本書所介紹的「新苗」新創公司，可大致分為下列幾個面向：

一、資通訊、傳統產業再進化

Acaia智能咖啡秤、Codementor全球程式語言學習平台、奇想創造智慧家居生態系統，引領IT/ICT相關產業鏈與技術革新，其他產業包括：結合數位醫療及雲端服務的健康照護平台慧康生活科技及癌症精準醫療的安智生醫（智慧醫療）；行動分期付款平台INSTO及利用AI人工智慧建立金融風險評估的諦諾科技（數位金融）；推動苦茶文化復興的茶籽堂、從毛筆發展到彩妝刷具的林三益

（傳產文創）；招募青年投入偏鄉教學的Teach For Taiwan、運用科技拉近城鄉教學落差的均一教育平台（教育革新）；將企業及工廠的管理經驗帶回農村的義之豆、把雲端行動科技導入甘藷產銷流程的瓜瓜園及整合資通與農業生物科技的源鮮智慧農場（科技農業）；培育並投資網路新創團隊的育成加速器AppWorks（新型態創投）；用古典音樂形式演繹台灣音樂的灣聲樂團（創新文創）。

二、新時代、新事業

群眾募資的概念席捲全球，透過這個管道誕生了許多非常具有創意的商品，群眾募資平台flyingV、顧問公司貝殼放大，讓社會公益、文藝展演、科技產品均可藉由眾人力量破繭而出。其他新興產業包括：推廣電競比賽運動的4Gamers、跨境電商的樂利數位、線上訂位服務的EZTable、將虛擬實境運用在房地產業的愛實境、研發人工智慧的沛星互動科技及利用區塊鏈技術打造數位資產管理服務的Bitmark。

三、社會創新

關心社會議題，有目標、有理想但也要自給自足、永續經營，第一個華文社會企業資訊匯流平台的社企流；從觀光到產業革新，逐步重拾小鎮價值與生命力的小鎮文創；台灣綠色生活品牌綠藤生機，以及專注於影響力投資的活水社企開發，他們都在各領域透過創新的點子讓世界變得更美好。

同時也收錄了幾位具有代表性的企業界人士——「薪火」，包括為文撰序的美商中經合董事長劉宇環、僑泰興投資董事長趙天星、工業技術研究院顧問張芳民、財信傳媒集團董事長謝金河、福臨文化藝術基金會董事長范瑞穎以及創新拿鐵創辦人王文華，利用其所擁有的企業資源，積極熱情投入協助新苗新創的發展；另外如交大教授／前中華電信董事長呂學錦、AAMA校長／前華鴻創投副董事長顏漏有、台新文化藝術基金會董事長／前中天電視董事長鄭家鐘、時代基金會執行長／前聯太國際資深群總監趙如媛、台灣工研新創協會董事長／前工業技術研究院董事長蔡清彥等，他們在職務退休後，轉身投入培育新創團隊的工作，擔任教授及業師、搭建育成平台，持續為台灣產業貢獻心力，也讓他們寶貴的專業經驗、人生智慧及產業資源得以更廣泛的傳承。

台灣的經濟與產業正處於成長轉型的階段，加上物聯網、人工智慧及區塊鏈等創新科技正在改變現有產業發展規則，希望透過本書所介紹的四十個新苗、薪火，讀者可以一窺台灣未來產業及社會發展的新面貌，同時也能從這些案例看到，企業界前輩透過不同的方式與角色，貢獻其智慧、經驗及資源，並結合新世代年輕人的冒險、熱情及新科技運用，台灣老、中、新三代如何聯手，共創台灣未來的無限可能。

在此，特別感謝美商中經合集團劉宇環董事長的支持。劉董於一九八五年接受「台灣科技之父」李國鼎資政請託，將美國矽谷的創業投資引進台灣，被譽為大中華地區創投教父。劉董除了引領投資業務，對年輕人的培養及照顧極盡心力，特別是對台灣經濟產業的發展，念茲在茲，也積極培育台灣年輕創業家，因此也才得以在業務之餘，投入「薪火新苗」計畫。

〈推薦序〉

台灣要從有限視野　變成追求無限的可能

美商中經合集團　董事長　劉宇環

近現代每一回的世界浪潮，都將台灣推向浪尖，這塊島嶼的命運，總隨著時代的動盪，波濤洶湧。我們現在正面臨新一波的巨浪——第四次工業革命（工業4.0）的挑戰，曾歷經多次重大歷史轉折、不斷創造奇蹟的台灣，能否驚險突破、再創高峰？

近四百年前，台灣就因為荷蘭、西班牙的占領、被納入東亞貿易網絡而成為重要的國際貿易中心，從早期鹿皮、糖、樟腦、茶葉外銷盛況，以至半世紀來的輕工業、化工業、資訊半導體產業的接棒發展，造就現代台灣成為全球前二十大貿易國之列。然而，作為以製造管理聞名全球的台灣，在即將到來的新工業革命中，我們需要的，不只是產業典範的轉移，也必須進行價值思維的反思。

朱永光總經理從「創愛的業」開始關注社會創新與社會企業，薪火新苗適逢新創事業蓬勃發展，這兩部分正是現階段台灣產業轉型的關鍵，也是朱總在專業領域上留下最佳的印證與註腳。我們創造財富，是為了生活過得更為美好、社會更為進步和諧，進而讓每個人透過價值創造的參與，得到社會的正面回饋與連結。

本書中所介紹的新創企業，不管是傳統產業再進化、新時代企業或社會企業，都是以「服務科技」與「人性體驗」相結合的新思維為導向，它們所設想的顧客不再是所謂的「下游廠商」或「加工廠商」，而是有感覺、重價值判斷的「活生生的人」，這些真實的終端客戶，不只在意商品本身所提供的使用功能，也重視商品的整體設計美感與其所蘊含的多元價值（例如環保、健康、整合、文化、公益等等）。

台灣產業面臨許多困境，經濟成長動能衰疲、社會普遍瀰漫著缺乏鬥志的氛圍，但台灣本身就具備引以為傲的製造實力，也蘊藏著很有潛力的創新能量，多年來，我們一直在世界最大發明展——美國匹茲堡國際發明展中名列前茅，做為台灣企業領頭羊的台積電，也位列美國專利權人排行榜前十名，其中請美國專利近五年（二〇一三—二〇一七）的平均獲准率更高達九八%，位居冠軍，遠高於同列第二名的Intel與LG的九〇%，許多國際性的創新企業這兩三年來也都紛紛加碼投資台灣，包括微軟、思科、Google、亞馬遜、IBM陸續在台灣設立或擴大創新中心。

如何連結台灣和世界的創新能量，是目前提昇台灣創新價值的關鍵課題，創新要能透過市場機制來證明成功，必須完美結合內部能力與外部商機，我們在資源有限的條件下，更要充分善用並發揮優勢，提供更好的發展舞台來吸引及留住優秀人才。

我們的先人在不同的時代、因為各自的歷史際遇，來到這片土地，他們都不是來享福的，而是與苦境相周旋，從不絕望，也從不泯滅開創的進取。這座美麗島之所以能被世界看見，與其說是他們篳路藍縷，更重要的是創新與開拓的精神，我相信，每個人都可以從荒無到絢爛的台灣歷史中感受到生命的無限可能，也定然能在我們新世代的實踐中，一遍遍地開創台灣的無限可能！

〈推薦序〉

走過傳統產業邁向新興科技時代

中經合全球創業投資公司　董事長
僑泰興投資股份有限公司　董事長　趙天星

我自一九七二年創業至今已四十六年了，開始的初期是在一九七〇—一九八〇年代，台灣經濟發展最蓬勃的時期，當時政府大力推動石化工業，造就紡織業、鞋業及塑膠產業的發展，也帶動台灣經濟的榮景，最初我是在海外成立毛衣的孕婦裝進口公司，因當時看到這樣的商機返台成立紡織廠，一步一步開啓了我的創業之路。

一九八〇年代後，台灣面臨工資上漲、台幣升值以及配額的阻礙，勞力密集的紡織業遭受瓶頸，紛紛遷移至中國大陸、東南亞、中美洲等低工資地區生產，紡織產業鏈的分工非常清楚，我們主要是生產及供應商品，以滿足客戶要求，提供具有競爭力的價格、好的品質，準時交貨，在台灣以及華人地區都是以生產為導向，國內接單但轉由海外生產，再銷售到世界各地，乃至於現在大家都遇到關稅壁壘的問題，這幾十年我所經歷的，也就是傳統產業—紡織業走過的路程。

我在三十年前有幸認識剛從美國回來的劉宇環董事長，他在一九九三年成立美商中經合集團，在他的鼓勵下，我們陸續在台灣成立中經合國際創業投資公司，以及中經合全球創業投資公司，由我擔任兩家公司的董事長，與劉董事長成為好朋友以及事業上的夥伴，也因這樣的機緣認識朱永光總經理，他不僅在投資的領域上非常專業，也很有愛心，定期在《經濟日報》的「薪火新苗」專欄發表，對於青年創業投入很多的心力，也展現中經合長期以來所期盼肩負的企業社會責任，本人身為公司的一員備感榮幸，也讓我對新興產業有更多的認識與了解。

近十年來新興科技突飛猛進，已經打破傳統產業的模式，破除區域供應鏈的空間，也因為網路發達而展開全球化的競爭，台灣正站在世代傳承、新舊經濟及產業的交叉口，我們已經看到全球許多新興產業的進步和爆炸性發展，所以現在的年輕一代更需要具備國際觀，來因應高速變化的環境，以及跳躍式的創新思維。人與人之間的情感交流，因科技的進步而慢慢在轉變，華人舊有框架必然是會被打破的，唯獨人與人之間的情感及關懷是需要繼續傳承，對外國人來說，台灣最美的風景是人，人情味也是台灣最獨特的價值，科技加溫，必然也會帶給台灣更好的未來發展。

〈推薦序〉

開啟新時代、新生活的期待

工業技術研究院　顧問
智慧化居住空間產業聯盟　會長　張芳民

投入智慧化創新整合應用產業推動已十七年的我，閱讀《經濟日報》「新火新苗」連載專欄成書之際，心中膨湃不已。書中四十個精華報導，幾乎將未來科技建構新事業的基礎：IT、ICT、AI、IoT、Big Data、iCloud、APP……等新科技創新應用持續發展，讓新世代的創業家有了更豐碩的產業新技術；蛻變了父兄前輩的產業模式，以顧客導向的創新模式展開，更正面影響了全世界共同面臨的環境生態惡化、政府治理無能、城鄉差距擴大、產業變革加速、人口結構大轉移……時新日異的智慧生活浪潮中，本書每個新創企業，無論是傳產再生、新時代企業或社會企業……等都帶給我們新時代、新生活之期待；也啓發了無數青年創業家對未來無限可能之信心。

技術革命都會帶來陣痛；但同時誕生的是更多的新產業契機。十年前生產力建設在工研院、科技部、資策會、中華電信、研華科技、英商O+……等全力輔導支持下，共構了全球數一數二的智慧建築——台中Crystal House，開啓了台灣發展智慧城市、智慧社區、智慧家庭的典範，吸引全世界六十八個國家觀摩。回想起十五年前從規劃設計、到智慧生活體驗模擬，有如本書各創業家之心境，歷歷在目；然而本案當年的階段性啓迪成功，有賴台灣完整的ICT產業群聚優勢，也顯現ICT業者價值鏈；而台灣的未來產業發展更應以ICT產品在全球具重要領導地位之下，由技術、知識產業邁向創新服務的典範轉移。本書中每個開創標的，都是未來產業架構，價值新思維的可能楷模。這群創業夥伴的創新與開拓精神，必然成為下一世代新台灣產業的新指標，當然也帶給台灣經濟無限的可能！

【現有產業＋新技術＋創造顧客需求價值＝新產業】

本書中Acaia智慧咖啡電子秤，以度量衡延伸之跨界創新應用；Codementor（程式語言教育）平台是智慧化軟體工程師需求的大本營，在國際上及跨業建構均潛力無窮；由好友謝榮雅主持的奇想創造，以智慧生活率領設計改造製造業，必是未來趨勢；Health2Sync智抗糖APP，是智慧醫療的好幫手，也將成為其他慢性病的典範學習標的。

智慧金融革命的啟動，則有INSTO（行動分期付款平台）、Adenovo諦諾科技這兩家以客製化、降低風險、增進金融透明又直接的解決方案。

「不難的事不做；不能造成深遠影響的事不做；不擴大影響範圍的事不做」—呂冠緯帶領的「均一教育平台」團隊正進行翻轉台灣教育思維；而TFT（Teach For Taiwan 為台灣而教）正在同時間進行「教育不平等」的改造運動，創造孩子平等優質的教育環境。

中經合朱永光兄以其投入的創投為核心，二十餘年來，看盡了產業發展的新希望與瓶頸，六年前以創投人關照產業之情，陸續在《經濟日報》發表其洞見，啓迪企業新生力軍，多面向的涉獵更顯得其博學多聞。在朱兄前部著作《我們，創愛的業》介紹了引領B型企業及社會企業的開端典例；本書更跨越傳統產業，以IT、ICT、IoT……等科技再進化，推動智慧農業、智慧金融、智慧教育、智慧醫療、智慧家庭、智慧文化、智慧公益等各領域的產業蛻變。

然而本書更揭露一群具有代表性的當代成功人士，其中好幾位先進我亦受到其恩澤，在屆臨職務退休之際，轉而投入培育台灣未來各領域創新團隊的導師工作。真心希望透過本書的傳播，讓台灣產業能因創新整合應用，在這時代走出一條活路，並以「教育為本、軟體為王、顧客為先、智慧機械更精準、資本自來……等」新創業要素成為台灣躍上國際產業舞台的新觀念、新工具、新程序、新方法。也請不要忘記了我們這群三、四年級的「高年級實習生」願意再學習，再投入，支持青年創業家打造屬於台灣對世界的貢獻力！

〈推薦序〉新創火苗為台灣創新業

財信傳媒集團　董事長　謝金河

前些日子，一家經營近半世紀的活性介面化工廠，幾個共同創辦人帶著他們的小孩，到我的辦公室來拜訪。這群創業有成的化工業者都是在一九五〇年前後出生，四個創始人是同班同學，他們辛苦打拼了一輩子都面臨交棒的問題，因為他們的小孩都走上獨立創業的路，有的往餐飲的路上走，有的在電商領域拼搏，也有往區塊鏈或AI的領域發展的，這群經營化工業有成的第一代不禁要問：自己的小孩為什麼不願接班？這正是台灣產業世代交替最關鍵的轉捩點，年輕的下一代正在走他們自己的路。

第一代的化工業創始人，他們生在一九五〇年代，正是台灣製造業起飛的黃金年代，這個世代誕生了很多政治精英，像陳水扁、馬英九兩位前總統；企業界的郭台銘、胡定吾；法界的陳玲玉大律師等都生在這個世代。在製造業崛起的年代，他們掌握一切發展的有利資源趁勢而起，特別能幹的人就能開拓出一片江山。

現在到了新世代，新經濟的浪潮撲面而來，我們很難想像美國的APPLE、AMAZON突然變身成為兆美元企業巨獸。過去二十年作為世界工廠的中國，也快速誕生了像阿里巴巴、騰訊大約將近五千億美元的新經濟公司。這些新經濟巨擘撐起全球新經濟大路，全世界新創公司如雨後春筍競速前進。

這些年，我經常帶領投資考察團走訪世界各地，印象最深的幾個國家，從美國矽谷到中國南方的深圳，一直到英國、愛爾蘭，甚至到以色列，都讓我見識到新創公司快速發展的活力。像是我們到訪以色列，有一個上午的論壇中，大約有六家新創公司為我們作簡報，暢談他們創新的商業模式；到耶路撒冷，我們去參訪OURCROWD，這是一家眾籌平台，扮演天使投資的角色，他們在以色列已投資超過一三〇家公司。

在特拉維夫、耶路撒冷的餐館，大家討論的是新創公司的創業機制；在矽谷的參訪，中經合集團的創辦人劉宇環先生也為我們邀來YOUTUBE創辦人陳士駿等創業先驅，暢談他們新創事業的創新之路，也讓我們大開眼界。

這次中經合朱永光總經理為我們介紹四十個台灣新創公司及在創新路上傳遞薪火的「MENTOR」。書中介紹的「新苗」或「薪火」，有些我都認識，像我曾到竹山去參觀何培鈞用一生之力打造的「天空的院子」，這個在竹山山內荒蕪的百年三合院，在他打造下成為竹山最美的民宿，為小鎮文化添加薪火。曾當選「中國二〇〇九年度創業公益人物」的顏漏有校長，是我爬山的山友，他是AAMA的校長，為年輕人請來很多良師，全力推動他的「搖籃計劃」十幾年，他默默努力，傳遞薪火，為台灣新創事業添加柴火。

朱總經理很仔細地為我們介紹相當具有代表性的台灣新創公司，這些年輕人打拼的新事業，大多數不為人知，他能夠從創投的角度來介紹這群新創公司的新模式及創新的團隊，這是給年輕創業家創造活水的最有力推手，就像中經合的劉宇環先生馬不停蹄地在兩岸尋找創新的標的，非常值得肯定。

我們常說台灣的年輕人沒有「狼性」，看完這本書，我相信大家一定會改變這個先入為主的印象。

〈推薦序〉

承先啟後　再創新機

私募基金經理人　范瑞穎

與作者朱永光先生認識近三十年，我們曾在許多領域及行業一起共事，永光兄學有專精，觀察敏銳，講求誠信，更樂於分享，是工作上的好夥伴。

《新苗薪火—追求台灣的無限可能》是一本集合在各產業圓夢的青年創業故事，這些青創人怎麼做、如何做，透過永光兄犀利的眼光，領會每一個創業的經驗，從個案的原創動機、招募團隊、集聚資金，到整合資源、規劃營運、謀定策略、落實執行，創業除了擁有熱情與創意，更需要有改變思維與做法的強烈意願，永光兄積極協助創業團隊釐清市場價值、產品服務及定位，讓創業者及投資者各取所需，成就夢想；此外，為扶植新創事業，永光兄積極整合國內外創業資源，提攜後進，為台灣新創產業注入能量，讓台灣創投處處看見生機，希望透過作者的分享，多激發其他有企圖心的年輕人，發揮原創能力，勇於實踐夢想。

台灣產業擁有強大的爆發力，永光兄親力親為鼓勵台灣年輕創業家，善於運用新創產業的優勢，勇於打造屬於台灣的世界級品牌，促成新創產業在國際發光並開花結果，除了是承先啓後，也是值此數位浪潮和新經濟的衝擊之際，與讀者一起為台灣邁向充滿無限可能的未來做出貢獻。

〈推薦序〉

努力活過的痕跡

《創新拿鐵》創辦人 王文華

星巴克有一系列高檔咖啡廳，叫「星巴克典藏」（Starbucks Reserve）。第一家開在星巴克的故鄉西雅圖。走進店裡，你可以感受到宮殿的氣勢、博物館的豐富，和兒童樂園的趣味。大型銅製烘烤機擺在店中間，精品咖啡豆在裡面滾動。發出的聲音，像是慶典中的爆竹。這不只是一家咖啡廳，還是一間劇院。你在裡面，觀賞咖啡的史詩。

這家店精選了各種跟咖啡相關的商品，包括「Acaia」智能咖啡秤。

「Acaia」，是台灣青年打造的品牌，也是這本書中的一個案例。

除了智能咖啡秤、這本書還談到很多其他精彩案例，包括糖尿病管理APP、電競平台、社會創新企業……每一個案例背後，都有一群台灣年輕人，在自己有熱情和專業的領域，試圖更深入地走進台灣，同時更自信地走向世界。

這本書，說的是他們的故事。

永光兄是最適合說這故事的人。第一個原因是他有二十年的創業和創投經驗，能一眼看出這些故事的精髓。

第二個原因是他擅長傾聽。在訪問年輕創業家的過程，他放下了前輩的身段，充滿好奇、微笑聆聽。

看完這本書，我想再年輕一次。因為當今這個時代的科技、金融、市場環境，給予年輕人無限的舞台。但也因為時代的這種特性，走上舞台的年輕人，面臨了更多的競爭、挫敗、分心。這本書，捕捉了他們上台後的第一幕。

所以，也許西雅圖那家星巴克典藏的，不只是一個咖啡秤，而是這一代台灣年輕人，努力活過的痕跡。

Two Generation Entrepreneurs

•

One Splendid Future

CONTENTS

二、新時代、新事業

薪火

一、資通訊、傳統產業再進化

▲ 曾柏偉重新學習家族的磅秤事業，並結合自己在科技領域的專長，投入智能咖啡秤的開發

acaia

Acaia（資通訊＋）

智能咖啡秤 凸顯台灣智造實力

二〇一四年獲選美國精品咖啡大展（SCA）「年度最佳新產品」及「觀眾票選大獎」等殊榮，Acaia 智能咖啡秤一推出立即吸引全球咖啡愛好者的目光、成為精品咖啡界的寵兒。

Acaia 創辦人曾柏偉與侯君儒都是成功創業家，擁有豐富的網路資訊產業經歷，同時也是咖啡熱愛者，「當咖啡沖煮設備在設計上愈來愈精美、功能愈來愈多，唯獨只有咖啡秤，為什麼它永遠就

▲ 從北歐到南非、台灣到中國，皆可看到Acaia智能咖啡秤的身影

是秤的樣子、秤的功能？」

二〇一三年在加州矽谷與侯君儒共同創辦Acaia，開發出第一款可用藍牙連接手機App，即時記錄沖煮流程的智能咖啡秤。

產品外型設計簡約富有現代感，觸控式按鍵、一體成型的外殼、秤重精確度達〇．一克、智能開關、USB充電，兼具防水防塵及人性化操作等實用性，讓人愛不釋手；也如同手機一般，可以不斷升級系統，完全顛覆市場上對秤的印象。

功能上，透過專用手機App軟體，使用者可把每次沖煮咖啡的數據詳實記載下來，包括咖啡豆種類、研磨刻度、粉水比例、沖煮水溫，連手沖注水的水量和頻率都會以圖表曲線顯示，最後成品可拍照留存並分享到社群裡。

Acaia的創新在於把沖煮咖啡的過程數據化、視覺化，一杯完美咖啡的誕生，不再是憑空想像或曇花一現，而是可以透過操作紀錄再複製的美好體驗。

此外，在Acaia的咖啡社群裡，也可以參考各國咖啡達人的沖煮祕笈，結交愛好咖啡的朋友，一

▲ 展會上吸引全球咖啡愛好者的目光，成為精品咖啡界的寵兒

起鑽研咖啡沖泡藝術。除了個人玩家 Acaia 的產品也深獲咖啡業者的肯定。

美國精品咖啡連鎖店 Blue Bottle Coffee 便採用 Acaia 咖啡秤，做為員工訓練、加強品質控管的輔助利器。

Acaia 劃時代的產品，可說是集台灣近三十年來製造業大成，把精密天秤的的硬體，整合高科技的藍芽無線傳輸、感應器及半導體的晶片封裝等電子技術，在科技與美學的雙重加值下，成為台灣製造業轉型為「智造業」的典範。

公司未來的價值將不限於硬體銷售，有了 App 的加持，可持續與客戶端互動，進而集結成全球精品咖啡愛好者的專屬社群，Acaia 將延伸更多元的產品及服務，包括銷售咖啡豆及沖煮設備；再運用雲端運算／大數據分析社群資料，提供資訊顧問服務，從硬體製造商搖身一變成為精品咖啡服務商，如同在電腦資訊業結合硬體、軟體、服務的 IBM。

看好全球咖啡發展趨勢、台灣的研發製造能量及產品服務潛力，Acaia 獲得美國矽谷創投集

▲ 手沖咖啡是一門藝術也是科學，透過數據化，創造沖煮咖啡的全新體驗

團WI Harper的資金挹注，曾柏偉希望透過其人脈與資源，發揮台灣生產製造實力，打造出世界級的產品。

長期以來以代工為主的台灣產業，創造出令人驚嘆的經濟奇蹟，但在全球產業鏈上始終扮演著被動、追隨者的角色。

以台灣強大的製造能力為後盾，青年創業家注入創意與科技元素，整合軟硬體技術資源，從代工走向設計、由傳產轉為品牌，老樹新枝、展現新風貌，也驗證了台灣在世界經濟體系中的獨特價值。縱然面對全球化競爭、紅色供應鏈的嚴峻挑戰，走出代工思惟，台灣的創新研發人才與雄厚的生產製造實力，還是擁有十足的爆發潛能！

▲ Orion電子智能咖啡分豆機再度獲得2017年美國精品咖啡大展（SCA）的肯定

新苗創造的火光

結合產品設計和科技 提升精品咖啡產業

Acaia

於北歐冰島 Reykjavik 烘培咖啡館，到南非 Craigavon 共同工作空間咖啡廳；從台北新店的個人咖啡工作室，至中國上海星巴克臻選咖啡烘焙工坊其全球最大之旗艦店，皆可看到 Acaia 智能咖啡秤的身影。

Acaia 智能咖啡秤藉由工業等級秤重技術協助咖啡師掌握每杯咖啡口味的一致，並減少咖啡豆消耗；具簡約現代感的外型設計，配搭專屬手機App記錄沖泡的過程、時間、流速及比例，可應用於後續的分析、檢討及分享，創造沖煮咖啡的全新體驗。

Acaia 智能咖啡秤從產品概念到原型設計，便預先就將咖啡沖煮流程之各種使用情境納入考量。為了加強產品的實用性，測試機台都經由世界級專業咖啡師於實作中反覆地測試，憑藉這些反饋持續

▲ 團隊以最嚴謹的態度、最嚴格的標準，檢視各個環節，體現對於咖啡產業的尊重與愛好

進行改善，達到使用者最高滿意度。Pearl 智能咖啡秤於二〇一四年美國精品咖啡大展（SCA）首次展出，便獲得「年度最佳新產品」以及「最受歡迎咖啡產品」兩項殊榮。Orion 電子智能咖啡分豆機再度獲得二〇一七年美國精品咖啡大展（SCA）「年度最佳新產品獎」。

Acaia 智能咖啡秤定位為工業等級，產品採用了實驗室規模技術的高品質組件，以手工調校構建。收集客戶的使用建議並反饋到韌體更新 App。一旦產品於使用上出現疑問，研發團隊立刻協助解決。Acaia 以最嚴謹的專業態度、最嚴格的國際標準，嚴實檢視各個環節符合專業品質，體現對於咖啡產業的尊重與愛好。

Acaia 面對新領域技術的開發、初期投入大量的研發成本以致短期無法獲利，並面臨各方的艱困挑戰。在積極突圍之際，獲美商中經合集團投資，挹注資金以及資源，更以其長期扶植新創公司的專業經驗分享，在相關資源協助下，設立產品系列體驗咖啡廳。提升品牌的能見度，加強 Acaia 未來成長力度。

▲ 屢屢獲選美國精品咖啡大展（SCA）「年度最佳新產品」，是台灣製造業轉型為「智造業」的典範

Acaia遇到了來自世界各地咖啡愛好者加入，帶著能夠為咖啡產業未來有所貢獻的熱情，現今已組成了全球各地約三十人的國際團隊，這也是Acaia快速佈局世界市場成功的重要因素。

Acaia自二〇一三年成立，志在結合產品設計和科技提升精品咖啡產業，我們認為軟硬體的整合、優質的客戶服務及優雅的產品設計，是未來咖啡沖煮設備必然的趨勢；同時也與咖啡產業的領導者及創新者一起合作，研究開發整合運用於提升精品咖啡沖煮技術。近年來，開始有計畫的贊助咖啡教育及國際咖啡協會等非營利組織活動，回饋咖啡產業。團隊多方位的經營投入，期望可以達到整體提升精品咖啡產業的願景。

（資通訊十）

Codementor

程式語言學習平台
軟體工程師人才市集

▲ 劉威廷是台灣第一位進入美國知名加速器Y Combinator的創業者

隨著網路與行動裝置的普及化，科技發展已來到新的階段，軟體已超越硬體成為產品開發、產業進化的關鍵，連歐巴馬也公開呼籲美國年輕人開始學習寫程式，英國政府更將編寫程式列為中小學必修課程。

看準世界的走向與趨勢，劉威廷創辦全球程式教學平台Codementor，讓所有寫程式的軟體工程師可以互相教、學，或在遇到瓶頸時可以找到高手

▲ 努力成為這個年代具代表性的新創公司，證明在台灣也能打造出國際級的產品

協助、即時解答。透過視訊、文字和遠端管理，學習者可以用每十五分鐘十－七十美元不等的金額向導師求助，Codementor會從中收取服務費。通過審核，有所專精的工程師就能在平台上擔任導師、自訂收費標準，並從解答、分享中賺取收入。

不同於坊間的程式課程或影片教學，Codementor更強調的是學習者與導師一對一的即時媒合。

「與導師即時互動就是一種最有效的學習方式，相較傳統授課，這種線上學習更便宜也更方便，也有許多無法聘雇資深工程師的新創公司，透過線上導師找到解決方案，彌補人員技術落差、大幅節省開發時間。」劉威廷說。

Codementor以社群的概念，集合各種軟體相關工程師及開發者，無論是初學者尋求協助，或是資深工程師學習新程式語言，都可以互動切磋、學習成長，為工程師們注入不同的國際視野，並運用自身專業開創多元的價值及創業機會。

從二〇一三年創立至今，平台已聚集來自世界各地三十萬名用戶、八千位導師，其中不乏

Google、Amazon 的程式開發高手，也有網路業界知名人士，Codementor 儼然成為軟體工程師的國際人才市集，大家透過知識共享的新經濟模式，一起創造、推動各行各業的創新。

被國外科技媒體《GeekWire》共同創辦人 John Cook 評選為「最佳商業模式（Top Business Model）」，也陸續獲得 TMI 台灣創意工場及美國早期種子基金 Techstar Ventures、500 Startups 的投資。未來 Codementor 也計畫將商業模式延伸至設計等其他領域。

今年三十八歲，台灣出生、美國求學的劉威廷，史丹佛大學研究所畢業後，曾在矽谷創業，更是台灣第一位進入美國知名加速器 Y Combinator 的創業者。幾年前返台醞釀第二次創業，除了自己對台灣的認同感，也體認因為台灣市場小，激發團隊以國際市場為目標的野心與高度。

台灣有非常多優秀的軟體工程師，也擁有足夠的實力發展全球市場，劉威廷想要證明台灣也可以打造出國際級的產品！

台灣產業著重電子業的硬體代工、製造，軟體業則以電腦系統及套裝程式開發為主，企業對企業（B2B）的營運模式為台灣奠定了穩固的經濟基礎。然而，近年來面對行動科技、網路社群時代的來臨，企業對消費者（B2C）的市場崛起，此時 Codementor 結合台灣軟體人才優勢，鎖定全球市場用戶，為台灣的軟體產業升級、轉型開拓新的契機。

同樣在「共享經濟」及「互聯網＋」的交叉作用下，Uber 與 Airbnb 重新定義了我們對於資產的理解，而 Codementor 則顛覆了我們對教育學習的想法與方式。在平台上大家互為老師，也互為學生，滿足學習上供給與需求雙方，每個人的專業知識都得到更有效率的運用。

Codementor 團隊在二〇一六年底也推出了第二個主要產品 CodementorX（hire.codementor.io）——頂尖工程師外包接案平台。任何有開發及程式專業需求的企業或客戶可以透過 CodementorX 找到 Codementor 平台上的資深軟體工程師，協助企業完成其專案及產品。

全世界的工程師數量雖然持續地增加，但是

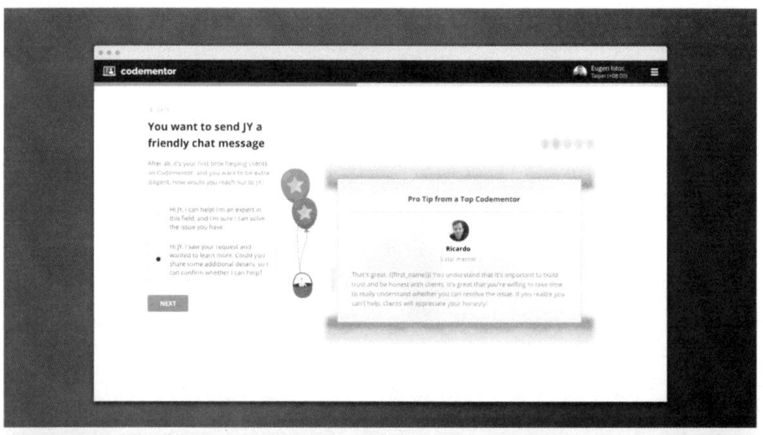

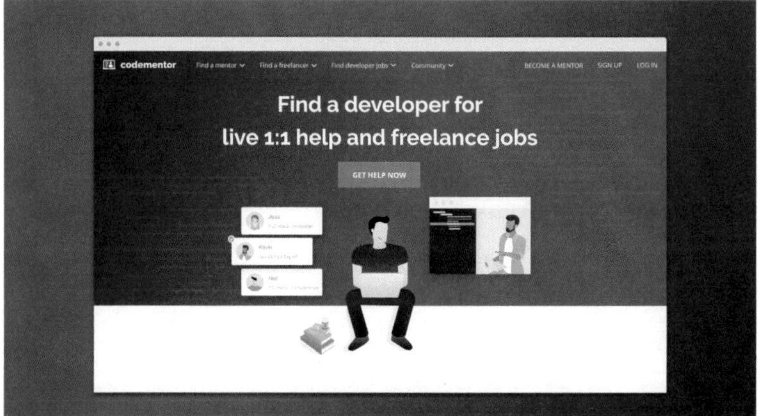

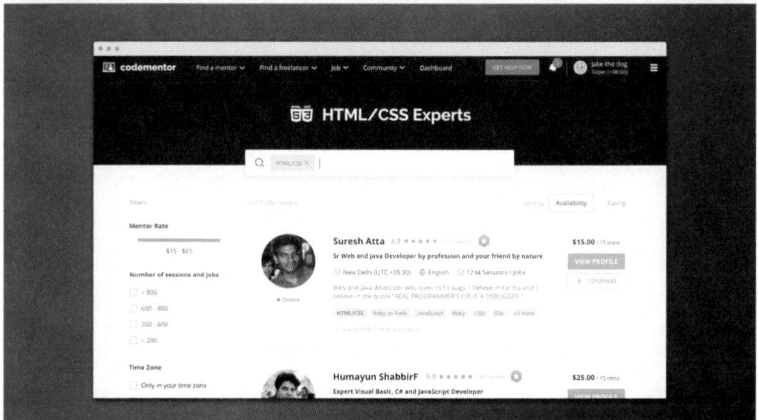

▲ 強調一對一的即時媒合，立即找到高手協助，透過社群及知識共享的新經濟模式，一起創造、推動各行各業的創新

▲ 因為熱血的願景，堅持用台灣團隊打進歐美主流市場（台大徵才活動）

許多公司仍然面臨到工程師及人才短缺的問題。CodementorX 的目標即為幫助企業解決棘手的徵才難題，滿足客製化的人力需求並協助專案的管理及執行。

目前 Codementor 擁有全球八千名以上通過審核的導師級工程師並且提供線上即時教學的社群，而有了 CodementorX，企業更可以快速並有效率地在預先審核過的專業工程師中找到與自身需求相符的工程師。

網路新世代創業，在題材與爆發力上不可小覷，但經營國際市場有一定的挑戰，所幸台灣企業已累積豐富經驗，若能適時挹注人才、資金與管理策略等助力，可望加速 Codementor 成為另一個代表台灣的國際品牌。

持續壯大軟體工程師社群

Codementor

目前產業的兩大主要趨勢：一是Software is Eating the World，全球軟體工程人才供不應求，受到已開發國家開始朝向物聯網、人工智慧、網路社群服務、互聯網等發展，對於人才的需求離不開軟體工程，近十年，軟體工程師的工作一直是美國最難填補的職缺之一，世界經濟論壇更是預估二〇二〇年全球將有超過二百萬個軟體工程人才的就業機會。二是The Future of Work，資訊開發業逐漸走向專案導向的工作模式，企業有彈性聘用技術人才的龐大需求，統計數據指出全球軟體外包市場規模已超過一千億元。

看準這樣的趨勢及市場，二〇一四年Codementor正式推出了第一項產品：一對一的線上programming教學，目標是替工程師提供即時的解答，同時也間接地培養出另一群可以擔任導師的工程師，透過分享專業的正向循環，Codementor已成為一個持續壯大的工程師社群。

目前Codementor擁有全球八千名以上通過審核的導師級工程師，在工程師成本高以及嚴重短缺的時代下，成為一個新興的解決之道——freelancers。二〇一六年底，推出第二項產品：CodementorX，工程師freelance媒合服務平台，至今已經有非常多的公司仰賴Codementor的資源與專業成功完成專案，有了CodementorX，企業可以快速並有效率地在我們預先審核過的專業工程師中，找到與自身需求相符的工程師。

除了中經合集團與詹宏志先生之外，這幾年我們也陸續獲得美國Techstars、500 Startups、台灣創意工場以及其他天使投資者的資金。現在Codementor團隊在台北和美加地區共有三十位左右的夥伴持續的在努力，嘗試為工程師打造出更棒的產品與更好的體驗。

創業都是辛苦的，創立一個成功新創或企業的必要條件是先好好建立出一個堅強的團隊。一開始可能需要花非常多的時間和努力磨合、建造團隊以

▲「如果用棒球來舉例，我們就是在打台灣隊，正在努力打出一番成績！」

及了解每一個人的個性和價值觀，但是一旦慢慢培養出一群願意一起為了共同目標努力的「對的人」，接下來無論發生什麼樣的困難或挑戰，大家都知道該瞄準哪個方向，知道我們正在往一條什麼樣的路走，問題常常是迎刃而解而不是被擊敗，因此，先穩固團隊，接下來無論做什麼，就不會那麼困難了。

但對於創業家而言，當團隊成長到某個一定程度的規模之後，必須懂得放手讓團隊的其他同仁發揮他們的創意與能力。對於凡事都習慣親力親為的創業家來說，這樣的轉換一開始可能會很不習慣，但是如果要持續讓公司、產品和團隊成長，這種思維會是一個必要的調整。

Codementor從一開始到現在的初衷與理念始終沒有改變，我們想要證明台灣的人才是有能力和專業成為國際知名級的網路服務公司，我們也會繼續努力，成為這個世代最有指標性的新創公司之一。CEO劉威廷常常會用一句話總結：「如果用棒球來舉例，我們就是在打台灣隊，正在努力打出一番成績！」

GIXIA Group 奇想創造

（資通訊＋）

▲ 台灣工業設計教父謝榮雅，力倡「美學與設計不該侷限於文創，也可以是各產業向前推進的動能」

用設計改造製造業

在台灣擁有設計金童美譽的謝榮雅，非設計科班出身卻投入設計產業超過二十年，至今拿下一百多座國際獎項，並多次獲得最具有權威性及指標意義的德國 IF、Red dot、美國 Idea 及日本 G-Mark 四大工業設計獎，是全球得獎最多的華人設計師，而他對設計的熱情與台灣產業發展的使命感，更是為人欽佩。

早期深耕台中，挖掘中部中小企業蘊藏幾十年的塑膠射出、精密五金、皮件、紡織、碳纖維等技

▲ 融合前瞻科技、創新材料與感動設計，是全球難得擁有技術含量的設計團隊

術實力，並成立材料實驗室，奠定謝榮雅在材質研發與應用設計上的研發能力，當時亦協助多家代工廠商發展自有品牌，得獎產品更為客戶帶來前所未有的國際能見度與訂單。

二〇〇六年起進駐工研院，協助將其豐富的科研成果與生活應用接軌，雙方合作開發超過上百項的創新專利及商品，也讓謝榮雅豐沛的創意與設計能量有了堅強的技術後盾，開啓另一個事業的高峰。

謝榮雅二〇一〇年創辦「奇想創造」，是全球難得擁有技術含量的設計團隊，二〇一四年成立「奇想生活」推出生活科技廚具品牌「THAT!」，融合前瞻科技、創新材料與感動設計，以溫度系列發展出奶油刀、解凍板、冰淇淋勺及冰鎮杯等產品，其中熱門商品「奇想奶油刀」，便是利用台灣半導體產業的導熱技術，透過材料將人體體溫轉化為軟化奶油的熱量，解決奶油冰凍後過硬難切的問題。

二〇一五年在芝加哥家庭用品展中，「奇想生活」一舉打敗雙人牌、WMF等國際百年廚具品牌大廠，榮獲史上第一個雙首獎的肯定。「透過設計帶領台灣走向國際，並改變人類未來生活」是謝榮雅從事設計工作的初衷，這樣的理念也獲得鴻海董事長郭台銘的認同。

二〇一五年宣布由鴻海集團投資二．五億元，合資成立新創事業「XIXliving 富奇想」，在物聯網的基礎下，結合鴻海的技術優勢與龐大資源，以及奇想創造的品牌設計、使用者優化經驗，從想像力出發、用技術力實現，攜手建構未來智慧家居與生活風格的願景與藍圖。

「牆經濟」是台灣製造之王與設計之王所擦出的第一道火花。以居家牆面為載體，透過硬體製造、建構物聯網閘道、整合不同類別的家電合作廠商，架設一個智慧生活系統。

想法的背後其一是重新定位居家的閒置空間，將家用電子設備往牆上掛，顛覆以往家具都擺地上的概念。

其二是透過企業結盟建構一個品牌平台，讓台灣業者可以透過專利授權或物聯網雲平台的合作方式，共同創造豐富的產業生態鏈。

謝榮雅相信，鴻海集團多年來掌握、也實際參與了全世界最新科技的研發與製造，加上郭董的眼界及強烈的企圖心，期待這樣的合作能夠讓鴻海從 OEM、ODM 成功走向 EDM（Ecosystem Design Manufacture）。

台灣製造業向來以「降低成本」生產「價廉物美」的產品為營運思維，造就台灣階段性的經濟奇蹟。然而，要持續提升台灣在全球市場上的競爭力，「設計」勢必扮演一個非常重要的角色。在講求創新、創意的年代，美學與設計不該只侷限於文創，它也可以是各個產業向前推進的動能。

掌握時代脈動、大膽擁抱科技，從謝榮雅的生涯經歷，彷彿看到台灣產業發展的縮影。一開始接受客戶委託做產品設計，帶領中小企業拓展國際市場；再將台灣的高科技實力與設計整合，推出自有品牌，驚豔全球；與鴻海集團的結盟，跨足最新物聯網技術，讓雙方孕育新創事業的能量一舉爆發。

「用設計改造製造業」是謝榮雅帶給台灣最寶貴的無形資產！

▲「TIME時間屏」以「牆經濟」為概念，架設一個智慧生活系統

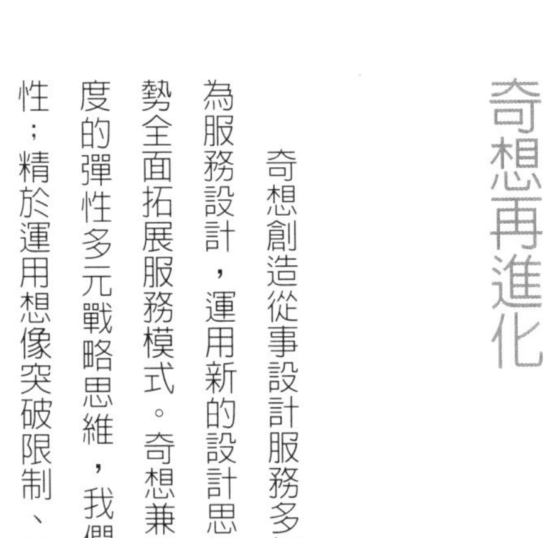

▲ 在Ambiente 法蘭克福國際時尚家用品展，多項創新餐廚用品驚豔歐美各國

新苗創造的火光

奇想再進化

奇想創造

奇想創造從事設計服務多年於二〇一三年轉變為服務設計，運用新的設計思維，整合在地科技優勢全面拓展服務模式。奇想兼具策略高度與創意廣度的彈性多元戰略思維，我們擅於調和理性與感性；精於運用想像突破限制、尋求創新；我們志於環境生態與未來科技的永續平衡，追求企業利潤與品牌價值的共同成長。

顛覆傳統以「產品」為導向的開發流程，奇想創造秉持「設計思考」理念，獨創以「需求」為導向的創新G流程。在G0概念階段形成，透過廣泛的生活形態、商業市場與技術情報資訊的搜羅、觀察與分析，提出創新的概念，而後透過六大指標評價的篩選機制，選定最適宜的技術及商品概念，明確定義其商業策略（G1），接著輔以使用者經驗設計手法（G2），詳細描繪出消費者體驗路線、使用情境與操作流程、介面；此過程是品牌化過程最重要的階段。

從優化物的產品創新、溝通人的服務創新、建構系統的商模創新，到創造生態的科技創新，奇想創造藉由不斷提升設計影響力與價值，將客戶的關係一路從雇傭提升到策略夥伴，再從策略夥伴進階到股東關係，透過品牌育成工程及科技創新平台的運行，以持續創新的商業模式全面發展前瞻與具全球競爭力的品牌，是少數具備國際化條件與發展全球經濟規模的創新團隊。

而於二〇一七年奇想創造對於營運模式及品牌建立都有全新的再進化計畫，營運模式進化過程有下列四項：

一、以服務業務為主、技術委託開發為輔進化為以創新育成為主以技術、設計做價或實質投資。

二、內部開發技術為主，外部技術合作為輔，進化為以外部技術，專利加值應用為主，內部研發為輔。

三、以技術、設計做價成立控股新公司進化為活絡獲利方式，包括技術專利授權，出售以及股權交易。

四、同時，進化為以投資專業管理人才為主，搭配外部顧問，成立創投基金。

而品牌進化計畫分為育成創新及創新平台；所謂育成創新是從奇想創造豐沛的技術資源中，淬煉出具備深度價值與創新應用之技術標的。將技術轉換為實際可投資的商品，形成獨特的技術投資商模。也讓創新應用能吸納更廣泛的資源，縮短開發期程，達成上市目的。

創新平台：創建新事業體，育成技術品牌，整合關鍵技術，商模機制建立有五點：

一、設計優化：針對核心技術，進行設計展開與產品設計

二、產業應用：導入生活形態與使用者經驗，確認產業應用方向

三、品牌系統：建制完整品牌策略與品牌系統

四、商務行銷：商務媒合探勘與實施

五、投資媒合：協助新創事業資金到位

▲ 2016年前總統馬英九至文博會奇想生活展櫃參觀

成功育成案例分享　新事業體奇想生活THAT!

奇想生活致力於提供創新便利的餐廚生活用品，以設計思維洞察用戶需求，簡化使用流程，結合材料科技與生活美學，打造設計與科技風格兼備，並具實用功能的產品，提出直覺貼心的解決方案，深獲國際市場的喜愛並榮獲許多國際獎項。

在二〇一八上半年，再分別和忠泰建設成立了「泰奇想」，用我們的設計核心研發科技建材，以及和東亞最大的印刷廠，成立了「拓金科技」，跨入農業、醫美等電化學領域。奇想的DNA持續和不同的產業跨界融合，也把設計從戰術層面，希望在代工競爭力式微之際，徹底改變台灣產業的形態。

得獎經歷：

・二〇一四年　美國GIA最佳產品獎

・二〇一五年　美國GIA最佳產品及最佳系列雙首獎

・二〇一五年　英國卓越家居大獎創新獎

・二〇一五年　德國紅點設計獎

・二〇一六年　英國餐廚暨家用品產品創新獎

・二〇一六年　西班牙Ifema年度最佳禮品獎

・二〇一七年　德國AmbienteSolutions產品項

・二〇一八年　德國紅點設計獎

（醫療十）

Health2Sync 慧康生活科技

糖尿病雲端照護平台 智慧醫療利器

▲ 鄧居義突破醫療院所原有的照護管理機制，打造雲端照護平台

糖尿病是最常見的慢性疾病，不論在全世界或是台灣，糖尿病患人口都快速成長，其可能導致的併發症如腦血管、心臟疾病等，皆與血糖控制不良有關。對於糖尿病患者以及周遭親友而言，更是一場長期抗戰，除了日常須透過血糖機監測數值，親友們也要幫忙留意其生活起居及飲食習慣，給予及時的照護與叮嚀。

智抗糖共同創辦人暨執行長鄧居義出身於醫生

▲ 智抗糖App連續兩年被美國健康媒體Healthline評為全球十大糖尿病App，也是唯一入選的亞洲公司

世家，縱使如此，家中仍有長輩因為糖尿病併發症過世、而自己的外婆雖然高齡八十七歲，因為有家人的照護及關懷，讓她的糖尿病獲得妥善的控制，藉此深刻體會照護及關懷對病患病況的影響及重要性，但並不是每個病患都能夠得到同樣品質的照護。結合自身過去在移動互聯網的經驗，開始嘗試提出解決方案、讓糖尿病患都能過獲得個人化的照護。

二〇一三年六月成立的Health2Sync慧康生活科技，結合行動／數位醫療及雲端技術，推出個人化糖尿病管理服務，提供數位工具及完整的健康照護平台，不但增進糖尿病患者居家自我管理的便利性，也協助醫師及衛教師更有效率地追蹤病人的生活動態和病情變化。

Health2Sync所研發的軟硬整合產品包括：「智抗糖App」和「智抗糖雲端照護平台」。透過智抗糖App，病患可以更有效率和系統的管理數據，透過自動化分析，輸入的數據可以轉化為個人化的反饋與提醒，協助病患自我管理血糖，於二〇一七、二〇一八年連續獲得美國最大健康媒體之一

Healthline評選為最佳糖尿病App，是入選名單中唯一的亞洲公司。而雲端平台則能協助台灣的醫療團隊提升管理病患的效率，在衛教師與病患比例失衡的情況下，智抗糖平台能減輕醫療團隊的負擔，讓照護更規模化，目前台灣已有超過一百間醫療診所使用。

智抗糖App將所有數據化為易於瞭解的統計分析數值與圖表，上傳至雲端照護平台，醫生及衛教師可在遠端隨時獲取病患的數據資料，適時提供建議或調整用藥劑量；同時，也能自行建立社群互動群組，拉近病患個人、親友及醫護團隊三方之間的距離。

鄧居義觀察到病友、家屬間常常交流健康資訊、相互扶持鼓勵，對於病情控制相當有助益。新一代的糖尿病照護系統，將醫病關係搬上網路、線下照護方式模組化，台灣北中南已有超過一百多家醫院採用，讓醫療資源可以更有效率的發揮、更多糖尿病患受到關懷，進而減少因糖尿病引發併發症所產生的醫療成本。

Health2Sync獲得國際知名創投及多位天使投資人的青睞投資，今年年初已在日本東京設立辦公室，市場遍佈台灣、日本、香港、新加坡、馬來西亞等東南亞國家，用戶累積近三十萬。

過去，糖尿病患用小冊子手寫記錄血糖指數，定期回診時醫生只能短暫地依據當下數值給予治療，無法追蹤患者的長期行為。

台灣年輕世代，善用新興科技、軟硬整合，化繁為簡，突破醫療院所原有的照護／管理機制，打造雲端照護平台，提供病人、家屬與衛教師、醫生點對點直接溝通的管道，進一步形成互助社群，藉由共享經濟讓照護資源效益最大化。

伴隨人口高齡化的趨勢，全球的醫療產業無不面臨著巨大的市場需求壓力。行動科技、物聯網（IoT）和大數據等新技術融入的醫療產業，湧現許多新的應用模式，也會是日後智慧醫療服務的關鍵。

台灣醫療設備出口的實力，不容小覷，Health2Sync加值智慧健康服務，大大提升產品價值與競爭力，站上國際、開拓全球醫療照護事業版圖，是台灣產業轉型升級的另一道曙光。

▲ 團隊善用新興科技軟硬整合，讓照護資源效益最大化

新苗創造的火光

智抗糖 讓每一位糖尿病患得到妥善照護

Health2Sync

台灣是亞洲少數擁有完整糖尿病照護系統的國家，政府推行「糖尿病共同照護網」政策已有二十餘年，累積了深厚的糖尿病照護經驗。反觀全球有超過四億糖尿病患者，其中六〇%位於亞洲，但多數國家沒有台灣的資源及經驗，智抗糖於二〇一三年在台灣創立後，開始將台灣傳統的線下經驗轉化為線上服務，從台灣出發，目標將模式輸出到其他亞洲國家，協助緩解醫療資源不足的問題。

Health2Sync 有兩項主要產品，智抗糖 App 以及雲端照護平台。智抗糖 App 連續兩年被美國最大的健康媒體之一的 Healthline 評為全球十大糖尿病 App，也是唯一入選的亞洲公司。除了讓糖尿病患可以更有效率、系統的管理健康數據外，透過自動化分析，讓數據轉化為個人化的反饋與提醒。這套

▲ 繼續擴大服務，團隊致力讓更多糖尿病患能夠得到妥善的照護

自動化分析結合了台灣許多專業團隊的經驗，讓過去每三個月回診才能獲得的衛教反饋，轉化為即時的線上自動化衛教服務。糖友也可利用每月輸出個人化報告回診時給醫護團隊參考，此外App內有線上控糖、減重課程及諮詢服務，讓病患能夠從被動轉為主動的積極控糖。

智抗糖雲端照護平台協助醫療團隊在有限的資源下，透過平台提升病患管理的效率。在衛教師與病患比例失衡的現實下，智抗糖雲端照護平台可以減輕醫護端的照護成本，讓照護更規模化。目前台灣已有超過一百間醫療單位採用平台，包含台中榮民總醫院團隊、三軍總醫院團隊及游能俊診所等。使用智抗糖雲端照護平台的醫療單位的數量也持續穩定成長中。

除此之外，我們也了解除了App與平台，糖尿病患更需要的是一個完整的解決方案，不同市場的糖尿病患需求也不相同。所以Health2Sync一開始的定位即建立一個平台，連結不同的夥伴一起打造以病人為中心的糖尿病生態圈。公司成立五年以來，智抗糖已經發展成為亞洲最大的糖尿病管理平台（不含中國），擁有超過二十九萬個註冊用戶，合作的夥伴包含藥廠、保險公司、醫療器材製造商及政府等，市場涵蓋台灣、日本、香港、新加坡及馬來西亞，懷抱以病患為中心的初衷，繼續擴大服務，讓更多糖尿病患能夠得到妥善的照護。

▲ 黃賢驎自身罹癌的經歷，轉而投入癌症精準醫療領域，致力於改善癌症治療的品質與效果

（醫療十）

Amwise 安智生醫

醫師病人攜手　創新癌症療法

隨著資訊科技、檢測技術、大數據分析的發展，生技醫療產業已完全走上全新的道路。精準醫療（Precision Medicine）是近年來熱門的話題，更被視為醫學科技最大的突破與創新，為了能在這波風潮中取得主導權，美國、英國、中國等國政府紛紛宣布將在未來十年斥資百億美元，投入精準醫療領域的研發計畫。

相較於傳統醫療，醫生以病患症狀描述及常規檢查確認病因，後續療程也通常採用相同的治療方

▲ 團隊瞄準個人化精準醫療，專注亞洲人種基因研究，開拓癌症智慧醫療市場

法與藥品；精準醫療則是加上基因等生物醫學檢測，透過人體基因資料庫進行比對與分析，從中找出最適合病患的治療方式。

換言之，雖然得到相同的疾病，但因為每個人的遺傳基因、細胞病變及對藥物的反應不盡相同，醫生即可針對病患個別情況，提供更精確的治療、搭配更合適的藥物，有效提升醫療成效、減少不必要的副作用，讓每位病患都能得到最佳的治療效果。

「Amwise 安智生醫」是一家透過基因診斷應用，針對癌症病患提供個人化治療方案的新創公司，運用專利獨有的腫瘤基因分類法和臨床預測模型，已成功研發出乳癌治療的精準檢測技術，有效協助醫師評估腫瘤手術後是否施行化學治療及放射治療的必要性，以輔助醫師及病患共同訂立最適合的治療決策。

目前 Amwise 也積極將其檢測技術推廣到不同類型的癌症，可望解決全球腫瘤治療中，過度使用放射治療與化學治療而造成醫療資源濫用，或未實際評估個人風險而造成治療不足等問題。

▲ 鄭鴻鈞醫師將其多年來的高端基因研究與統計驗證成果商業化，造福更多的病患

共同創辦人黃賢驎是相當優秀的台灣青年，交大資工系畢業後，又取得西班牙頂尖學府MBA碩士學位，曾在多家國際知名企業任職，工作經歷遍布歐亞地區，多年前在英國工作時，發現罹患癌症，所幸及早治療也穩定控制病情，每年回台定期追蹤，也開啟了他從投資銀行轉戰生醫產業的大門。

在主治醫師的提議下，黃賢驎於二〇一五年成立「Amwise安智生醫」，共同合作將其多年來的高端基因研究與統計驗證成果商業化，希望能將台灣的醫療研究結果接軌國際、廣泛地應用在臨床實務上，改善癌症治療的品質與效果、造福更多的病患。

擁有國際化的工作背景並擅長商業模式規劃，黃賢驎很快地開始布局全球市場，申請世界各國專利，並與新加坡及台灣一流的癌症中心及醫院共同合作進行技術驗證，包括新加坡國家癌症中心、台灣國家衛生院癌症研究所、台大醫院乳房醫學中心等，成功驗證超過一千二位病人，目前已規劃將核心技術醫材化，並預計逐步取得FDA、TFDA與CFDA認證，放眼亞太、進軍全球。

▲ 2017年底推出了全球唯一以華人基因研發的乳癌復發風險檢測技術——瑞可盈®

挾帶高技術門檻的優勢，精確對焦醫療市場上未被滿足的需求，「Amwise」獲得國際知名創投的資金挹注，除了建構中央實驗室，黃賢驎也將持續開發晶片及檢測器材，未來只要透過小如咖啡機的設備，醫院就可以迅速完成癌症病患的復發風險檢測。

致力打造癌症精準醫療的標竿產品，「Amwise」要在五年內成為全球癌症精準醫療基因檢測的領導者。

專家將多年的研究成果交給具有執行力的年輕世代，推上國際商業化、商品化，其背後也代表著跨世代的資源互補與傳承合作。

台灣各行各業的研發實力有目共睹，其中的關鍵技術如何化為商業模式，朝向高附加價值產業發展，「Amwise」世代攜手、共創新局的合作方式，值得產業各界參考借鏡。

▲ 十年臨床追蹤、基因研究及統計分析而完成的核心技術，贏在乳癌治療的起跑點

新苗創造的火光

量身打造！華人精準醫療掀起革命浪潮

安智生醫

知名影集六人行Friends中，主角對著新生兒說：「歡迎來到這個一團糟的世界，你會愛上他的！」（Welcome to the real world. It sucks. You're gonna love it.）而這其實也正是新創每一天的生活感受，我們懷抱著夢想開始新的一切，然後發現每一天都有層出不窮的難題和挑戰。

安智生醫的成立始於創辦人黃賢驎自身罹癌的經歷，經過治療後疾病雖然治癒，但治療所帶來的副作用仍造成大量的唾液腺消失，以及其他的後遺症，在這個過程中親身感受到癌症從確診、治療、到預後，每一個環節的風險評估對於病人的治癒率、治療成效、甚至生活品質的重要性，因此安智生醫的初衷，就是為病人找出更多治療過程中，值得信賴的決策參考資訊。很多時候創業並不只是為

▲ 鄭鴻鈞醫師受邀於杭州湘湖國際乳腺癌峰會分享人種差異與復發風險關聯

了個人的成功，更是一種情懷，知道在生命中有些必需要做的事。

本著幫助癌症病人的初心，我們在二〇一七年底推出了全球唯一、以華人基因研發的乳癌復發風險檢測技術——瑞可盈®，瑞可盈®歷經十年臨床追蹤、基因研究及統計分析而完成，並首創同時檢測「局部復發」及「遠端轉移」兩項風險，可提供醫師與乳癌患者術後是否需輔助放射治療及化學治療之決策參考依據。

這項技術在上市前即與台灣和新加坡國家級醫學中心共同合作完成技術驗證，現今已分別在中國及台灣上市，過去一年間更積極拓展市場，與台灣多家醫學中心及中國沿海各省分三甲級醫院建立良好互動，並已開展多項臨床試驗。

未來安智生醫將透過病例、醫學影像資料與基因資料等醫療大資料的收集及分析，運用深度學習方法，期望能成功研發從診斷、治療到術後監控，在癌症治療各階段的全方位醫療人工智慧解決方案。在科技的進步下，每個產業都經歷了翻天覆地的變化，我們相信，醫療產業的革命正在逐步展

▲ 叩開中國市場的大門，安智生醫會是掀起華人精準醫療革命的重要角色

開，而安智生醫，會是掀起華人精準醫療革命的重要角色。

而安智生醫能在這段其間有長足的進展，也因為我們有個傑出的團隊，借重每個人的專業與經驗，組合而成的跨領域團隊，在創業的過程中一起披荊斬棘突圍而出。

我們的團隊中，有來自知名投資銀行、自願減薪七成而來的財務長；有我過去在科技業已經退休的長官，在邀約下重出江湖，為安智叩開中國市場的大門；更有來自外商藥廠，具十數年行銷與業務經驗的夥伴們。我們不僅共同創立了一家新創公司，每個人的生命，也共同經歷了一次創新，我們選擇的不只是一份工作，創業者所選擇的是一種生活的方式，一種不斷的找出問題、突破、再繼續挑戰新冒險的生活方式。我們用一種仰角來面對未知，我們走的多是前人未曾走過的路，所以時常失敗，失敗與成功的差別很簡單，就在於滿身傷口的你有沒有再站起來，堅持著走下去，堅信有一天，也許你真的能改變這個世界。

insto

INSTO（金融十）

▲陳仁彬突破傳統銀行信用卡分期付款高利率及多重手續費的限制，推出客製化分期付款服務

創新金融　攻行動分期支付

結合全球兩個產值最高的產業——金融與科技業，FinTech（Financial Technology）來勢洶洶挑戰現有金融體制下的服務方式和及民眾消費習慣，從付款、資產管理到保險、貸款完全行動網路化。這場由科技引發的金融革命，將如何重組未來金融市場，備受關注。

創立於二〇一三年 INSTO（Installments Inc.）是一個總部位在矽谷、研發團隊在台灣的跨國新創公司，創辦人陳仁彬曾擔任 eBay 台灣分公司策略

▲ 團隊持續用專利授權以及與各國金融機構合作，拓展國際業務，打造MIT全球金融科技品牌

長，也是北美新浪網創始成員，擁有豐富的國際及創業經驗，這次以破壞式的創新，突破傳統銀行信用卡分期付款高利率及多重手續費的限制，針對美國市場推出C2C客製化分期付款服務，讓個人買賣家可以自主訂定支付計畫，在INSTO App平台上完成交易。

因為銀行一般只和商家合作，一推出即受到許多新銳藝術家的青睞。

過去購買所費不貲的藝術作品常讓收藏者卻步，一次付清的經濟負擔太沉重也沒辦法分期付款，現在只要買賣雙方以個人名義註冊並通過徵信，設定好協議的總價、頭期款及期數，更可依買方發薪日期制定每月付款日，即可透過INSTO輕鬆分期付款，大膽又創新的服務大大提高藝術家們出售作品的機會。其他行業如牙醫、心理治療師及律師代辦業務等專業人士，甚至個人出售二手車都是目前鎖定的用戶市場族群。

不同於銀行信用卡或美國第三方貸款公司，先把款項代墊支付給賣家，再一期期向買家收款，從中所賺取高達交易金額的二至三成的手續費及

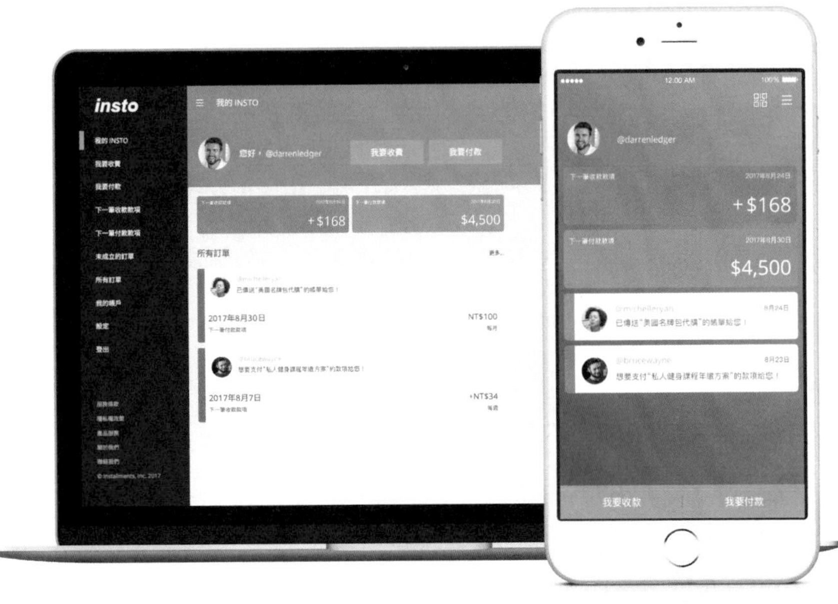

▲ 買賣家可以自主訂定支付計畫，在INSTO App平台上完成交易

利息。

INSTO不從事任何貸款業務，僅提供網路線上服務，並收取買賣雙方一%—七%手續費用，去中間化的商業服務模式，讓買賣雙方互謀其利，相當具有市場競爭力。

在台灣雖然礙於法律限制，暫時無法直接提供服務，但陳仁彬已與部分銀行業者達成協議，以引進技術、專利授權的方式，協助台灣金融產業數位化。

對於新創公司而言，能利用現有技術獲得發展所需要的資源、降低資本投入，不但大大提高了公司成長發展空間，也能更聚焦地開拓美國市場，將營運規模化。

在二〇一五年底募得一百九十萬美元種子投資，由矽谷橡子園（Acorn Campus）共同創辦人林富元與陳五福等天使群領投，其他投資人包括曾幫Apple與Google成立公司的律師事務所WSGR、清大水木基金及達盈創投等。

去年INSTO獲選為台灣新創競技場（Taiwan Startup Stadium）台灣代表，出席有網路界奧運會

▲ 去中間化的商業服務模式，讓買賣雙方互謀其利，相當具有市場競爭力

之稱的「2015 TechCrunch Disrupt SF」。

今年年初從全球一千多家新創公司中脫穎而出，入選Google Startup Grind全球創新年會，是會中唯一的台灣公司，證明在全球網路新經濟中，台灣的新創研發具有與世界各國團隊一同競技的實力。

近年來掀起一波海外年輕世代華人返台創業的趨勢，如同IT/ICT時代，新竹科學園區成立之初，吸引大批海外科技人才回國創業，讓台灣躍升成為全球電子系統設計、製造中心，建立科技島的美譽。

不同於過去資本密集、生產密集的科技製造業，如今海外新世代則是結合已成熟的產業技術及優質研發人才，開發輕資本的軟硬整合產品及服務性質的Fintech事業。

期待這些後起之秀能在台灣這片創業沃土上，再次寫下歷史新頁，將台灣產業發展帶向另一個新高峰。

▲「我們正處在新舊經濟的關鍵轉戾點，台灣在全球消費網路領域的創新奧運會中不能缺席」

新苗創造的火光

打造新一代MIT的全球金融科技品牌

INSTO

由台灣盈士多科技所開發的INSTO app收付款平台，能方便快速地讓使用者客製各種不同定期分期收付款條件，用戶可以自定頭期款，付款時間長度及付款間隔，或者一次付清的收付款方案，並在訂單交易成立後在設定時間自動完成收付款。

INSTO於二〇一三年在美國堪薩斯市創辦，二〇一五年獲得由橡子園創辦人林富元，陳五福等矽谷天使群領投的一百九十萬美元種子輪投資，研發團隊自成立以來一直設在台北。經過四年的開發與產品測試調整，INSTO服務於二〇一七年底及二〇一八年九月分別在美國和台灣兩地上線。上線一年後即獲得近萬名用戶及超過一千位註冊賣家，近三百萬美元的總交易額。

除了既有的信用卡收付款及分期定期收付款

▲ 2016年底全球上線發表會，貴賓雲集，創新的分期服務備受關注

之外，INSTO也在二〇一八下半年推出INSTO Store（供賣家販售各式定期及分期套裝產品之線上商城），以及INSTO Credit無卡分期付款，成為消費放款以及販售各式套裝服務及商品的新型態數位通路，在台灣率先確立商業模式。

INSTO在二〇一八年獲得來自交大天使俱樂部以及行政院國發基金天使投資方案一共超過一百萬美元的Pre-A輪投資，同時也率先在台灣獲得發明專利。放眼未來，將持續用專利授權以及與各國金融機構合作拓展國際業務，INSTO團隊希望用原創模式打造出新一代的Made in Taiwan全球金融科技品牌。

▲劉晉良希望能透過智能科技，讓金融服務能惠及所有人，實現普惠金融

ADENOVO

ADENOVO 諦諾科技（金融十）

AI計算貸款風險 一門新生意

在一次出差旅行的途中，一段地陪司機為了養家而被迫借高利貸的故事，啓發了劉晉良的心，他反覆思索著：「為什麼銀行不願意幫助這些很努力的人？」於是，一個「無人化金融風控機制」的構想便浮在劉晉良腦中，如今，他所創辦諦諾科技不但促進資金流動，也幫助每一位為家庭與事業努力的人，開啓一條實現自我夢想的途徑。

然而，劉晉良發現，並非銀行不願意幫這些很努力的人，而是因為銀行不了解那些人。「如果一

▲ 人工智慧將重新定義創造財富的方式，結合金融與人工智慧技術，開發即時金融服務

年的時間只能做二十件案子，銀行的每一個工作人員都寧願做二十億的案子，而不是二十萬的案子。」這也是為何外界對銀行既定印象是「只跟有錢人打交道」。

二〇一四年，劉晉良創立諦諾科技。他觀察到，亞洲一年有五千萬個家庭需要金融服務，按照銀行現況的人力與科技，這個數字永遠無法被達成。「這也是為何這一些努力卻無法被銀行業者了解的人，只好轉向民間貸款、小額貸款或者高利貸。」

然而，開創這一個商業模式，劉晉良創業團隊要打破過去銀行以借還款紀錄、薪資證明等冰冷訊息作為申貸與否的判斷標準；在數位經濟時代，反而應該從一個人工作、教育背景、生活方式與消費習慣等資料作為判斷依據。

「這些特徵是動態的，永遠在學習與變化。」諦諾科技發展的人工智慧能綜合參研超過五百個特徵，從大量的特徵中找出真正有用，準確且全方位的描繪出一個人的資訊，進而協助銀行業者建立一套信用評分系統。

「未來，我們相信這樣的運作模式將會有更多應用，能加速全球資金流動，為人類提供更多機會。」劉晉良希望透過自己的事業幫助每一位為生活而努力的人完成夢想，也讓努力的夢都能被金融市場理解。

劉晉良創立諦諾科技之前，在美國學成歸國後，遠赴莫斯科繼續深造與經商，在那一段人生歷程中，他在俄羅斯及東歐地區汽車電子市場上看到台灣生產零件輸出國際的實力，隨後，他返回台灣後即創立諦諾科技，也希望將台灣軟硬體實力整合起來，並發展出雲端大數據分析的核心能力，開發一套車聯網智慧車載系統。

「我們用人工智慧建立的金融風險評估平台，幫助金融機構降低九〇%的營運成本，九〇%的時間及九〇%的壞賬；客戶可以在九十秒內完成線上用戶導流並協助金融機構建立用戶KYC、計算違約率與減少不良債務。」劉晉良打造市場競爭力，成立一支頂尖作戰團隊，包括曾主導未來事件交易所計畫、中研院人工智慧財務風險模型分析教授、前零售業銀行總經理、MIT的衛星及影像辨識系統專家等。

二〇一六年，諦諾科技營收已達到七〇〇萬美元，並獲得阿里巴巴資金投資，未來事業版圖更將拓展到日本東京與美國矽谷。

創新並非要打破一切標準和規則，諦諾科技在完全不改變現有金融機構的任何流程前提下，幫助金融機構服務更多有需求的客戶，精簡汽車金融授信與汽車保險流程，節省流程時間與營運成本，進而降低人們接觸金融服務的屏障與減少金融侷限。

時代已在改變，新世代有幸地經歷人工智慧和物聯網的快速發展，劉晉良懂得抓住時代的機會，他以不一樣的視角，提出不一樣的解決方案，不僅是一個創新方法的觀察者，更是一位大膽的實踐者。

▲ 2018年榮獲Audi Innovation Award - Champion，是台灣最具潛力的 Fintech 新創公司

新苗創造的火光

打造以普惠金融為核心的新金融生態圈

諦諾科技

發展以人工智慧與區塊鏈基礎的尖端金融科技

我們在金融科技領域開發多樣的解決方案，創造全球第一個人工智慧汽車貸款風險評估及貸後風險控管的系統，可達到線上客戶導流、客戶風險評估、貸款前後風險控管。期待能推動資金流動，打造普惠金融的環境，減少金融侷限，使更多人得到金融服務，隨著技術日漸成熟穩定，我們也運用區塊鏈開發嵌入式金融服務，打造區塊鏈資產及區塊鏈企業融資平台，透過智能合約的應用及技術整合，打造不同於以往的商業模式，提升資本運用率。

阿里巴巴創業者基金及台灣兆豐創投，也看準

▲ 團隊致力發展以人工智慧與區塊鏈基礎的尖端金融科技

金融科技發展趨勢成為策略投資人，諦諾科技也積極與全球知名車廠合作，包括瑪莎拉蒂、林肯汽車等等，將金融科技生態圈更擴大至車聯網領域。

為廣大消費者提供普惠金融服務

諦諾科技創業的契機在於「為什麼努力的人無法得到幫助？」像計程車司機的收入並不差，但他的收入在傳統的金融體系下並沒有紀錄，也無從建立自己的信用，因此無法取得銀行貸款。以往金融業由於人力與時間成本，服務的主要是大企業及財團，現在我們希望能透過智能科技協助金融機構完善服務，讓金融服務能惠及所有人，實現普惠金融。

有了人工智慧車貸風控平台的經驗後，諦諾科技希望人工智慧不只運用於車貸服務，而是能惠及更多人，過去我們為財團服務，像是車廠或車商，但現在我們希望人工智慧金融服務運用在更多地方，協助大眾理財、提供週薪服務等等，為普羅大眾提供更好的金融工具及機會。

讓普惠金融的願景更明確

當人工智慧應用於生活，也能體現其中的價值與意義，出現許多創新服務，對需要幫助的人來說，我們提供的是實質的幫助及「翻身」的機會，像是提供一筆經營生意的小額資金或利用週薪功能解決即時的資金需求以及工智慧存錢服務等等。

諦諾科技的核心價值在於：「希望人工智慧可以給每一個人使用，改善每一個人的生活。」不管是貸款、投資、買房、買車或是讓存錢利息提高，我們相信人工智慧能讓金融服務實現的更好。

運用科技創新創造社會價值的諦諾科技，除了利用精準的金融風險評估解決車貸弊病外，更藉由科技減少金融侷限，我們認為，人工智慧將重新定義創造財富的方式，實現最初普惠金融的願景，為了實現理想，必須有效解決貧窮問題，對現行的制度做出「結構性的改變」讓人工智慧成為人類的生財工具，進而改善生活品質，讓每個用心編織的夢想實現。

▲ 趙家父子聯手，夕陽產業搖身一變成為當前最火紅的文創、農創產業

茶籽堂 cha tzu tang

茶籽堂（傳產十）

苦茶籽溯源 轉型農創再造生機

過去這幾年，許多以傳統產業為主的台灣中小企業面臨轉型與二代接班的問題，身處在全球經濟最嚴峻的時代，為數眾多的中小企業如何逆轉情勢、擺脫夕陽產業的宿命，將第一代創業家的辛苦結晶傳承下來，並轉型為具有商機的新興企業，是一門重要課題，也是台灣經濟維持續航力的關鍵。

從八〇年代就開始經營傳統清潔劑代工廠的趙家，二〇〇四年創辦人趙志明研發的一款苦茶籽洗

▲與新銳藝術家沐冉合作產品視覺設計，透過手工版畫，刻劃出茶籽堂天然與人文的和諧

碗精，交由第二代、七年級生趙文豪負責銷售，並推出自有品牌「茶籽堂」，產品順應消費者對於健康生活訴求，不但在全台有機店銷售業績亮眼，也積極參與海內外展覽，代工廠轉型為台灣在地文創品牌。

好景不常，二〇〇八年一場金融海嘯，在連鎖有機商店的產品被迫下架，連代工生產利潤也逐年縮減，加上市場同時出現好幾個強調天然的清潔劑品牌，趙文豪因而重新省思自家產品價值與品牌定位。

「並不是包裝設計後貼上Logo就是品牌，當技術門檻不高，產品只剩價格優勢，品牌價值就很難凸顯。」趙文豪決定從產品源頭苦茶籽出發，深化「茶籽堂」品牌的文化內涵。

「只懂洗碗精怎麼做，卻不知道苦茶籽從何而來」，趙文豪展開了尋根之旅，實地探訪各地苦茶樹園，深入了解台灣苦茶籽文化。原來苦茶籽在台灣已有百年歷史，是少數不用噴農藥並具有高經濟價值的作物，除了食用，早期苦茶油也被用來滋潤保養肌膚與頭髮，苦茶籽榨油後的渣餅（苦茶

▲ 連續多年受金馬獎青睞，指定為貴賓贈禮

苷），因為含有豐富茶皂素，加水搓揉就能自然產生泡沫，則可用來洗髮、沐浴或家事清潔。「苦茶籽真的是台灣珍寶，物盡其用的古早生活智慧，值得重新帶回我們現代生活」。

除了宣揚苦茶籽文化與信念，茶籽堂產品也從單一洗碗精陸續開發出油、髮、身、家、禮等全方位洗潔與身體保養用品。

在親近土地的過程中，趙文豪同時也看到台灣農業面臨的困境。市場上九〇%的苦茶籽原料來自中國低價傾銷，台灣苦茶樹園在無利可圖、又嚴重流失青壯年人口的情況下，年邁的苦茶籽農們紛紛選擇棄種。愈瞭解台灣農民、土地的故事，愈激發起趙文豪想要改變台灣農業現況的使命感。

二〇一一年開始與苦茶樹園契作，保障農民的種植與生計，並定期帶著年輕朋友幫忙除草、採苦茶籽；今年進一步展開復耕計畫，幾個示範農場更融合著老舊社區復興、水庫上游水土保護及檳榔園轉作的社會價值意義。

從傳產走向文創、農創，了解問題並提出一個有利可圖的模式、協助產業價值提升，「茶籽堂」回溯歷史文化、重返產地源頭，也找到公司未來發展的願景藍圖，是台灣少數在產銷兩端都很有策略和步驟的經營團隊。

富有開創精神的趙文豪入選AAMA台北搖籃計劃，成為重點輔導的創業家，產品更四度受金馬獎主辦單位的青睞，指定為貴賓禮品。一個真實代表台灣在地文化與關懷的品牌就此誕生。

台灣過去有製造王國的美譽，但現在面對的是全球市場重新洗牌、中國業者崛起，如今上一代年屆退休，第二代登場。

在新生代的經營改造下，創新產品概念、重塑品牌價值，夕陽產業也能搖身一變成當前最火紅的文創、農創產業。

二代接班猶如在老企業已奠定的穩固基礎下，繼續往上蓋大樓，有壓力也有助力，找到那扇對的門開啓，並發揚光大，台灣年輕的二代們有足夠的潛力青出於藍。

▲ 趙文豪回溯歷史文化、重返產地源頭，也找到公司未來發展的願景藍圖

新苗創造的火光

如果台灣土地就有我們就往土裡找

茶籽堂

除了種苦茶樹外，我們還能多做些什麼呢？這是茶籽堂團隊一直在思考的問題，也因此催生了「老舊社區復興計畫」的想法。

二〇一五年，茶籽堂在全台做苦茶籽歷史文化紀錄的時候，我們在宜蘭南澳看到了一幅令人驚訝的景象。之前看過許多苦茶園，很多都是在山坡地上胡亂種個三、四米，從沒有一個地方像這裡這樣，一排一排種得整整齊齊，而周圍全是稻田。我們在產量不到一％，甚至是幾乎沒有的南澳，竟然找到了全台灣最美的苦茶園。

而我們在這裡的工作，除了農耕，還有社區計畫！與南澳結緣的故事，要從頭說起，當初為了蒐集台灣的苦茶籽生態與文化歷史脈絡，以地毯式訪查進行了三百八十天的田野調查，從石碇的實驗農

▲ 結合農業創新與年輕世代的力量，改變台灣土地正在面臨的問題

場開始，循著脈絡走遍台灣一圈，一步一步，終於有一天來到南澳這片孕育希望的東海岸，彷彿有力量指引著我們，我們在朝陽天后宮求到一隻籤，大意是說，「中秋過後，結籽成。」「相信這裡可以成為台灣未來苦茶油基地」的想法像信念般，在心中生根，於是我們在當地開了一場社區發展會議，說明我們對復興苦茶籽的信念，以及我們能做什麼來幫助農人可以靠種苦茶樹維生。他們看著我們的誠意和那支籤，籤對於他們，就是天，天時地利人和都到位，於是點頭答應了與我們的合作。

一路上遇到許多志同道合的人，從不吝於給我們幫助和資源，其中包括了政府單位的研究人員，他們看到我們正在做的，也是他們心裡想做的，於是我們和政府合作了為期兩年的「朝陽社區復興計畫」，分三個階段進行。

首先透過訪查找出舊社區的資源和優勢，再來協助產業改造，提升在地人對社區的認同感，進而提升在地的價值，吸引年輕人返鄉，最後才進行社區的老屋改造，為了更深入了解社區真正的需求，我們於今年也成立分辦公室在朝陽社區。

▲ 與苦茶樹園契作，保障農民的種植與生計（苗栗蓬萊村）

南澳主要是原住民部落、車站附近的外來移民以及朝陽老社區，保留社區原本的個性，自成一格，我們希望串聯本地資源，讓大家也能走進這個好山好水的社區，並創造當地學生的工讀機會。以南澳原本的農業根基為主軸，結合休閒產業，而深具台灣特色的苦茶樹和苦茶籽，也有機會扮演重要角色。雖然朝陽社區登記的戶籍有數百人，而現在真正住在裡面的只有八九十個人，整個朝陽社區只有一條街，走到底，就是海岸，山海一線天，連結著他們的信仰中心。用苦茶籽走進社區，未來遇到的難題一定很多，但只要繼續走下去，一定會找到答案。

如果願意花一點時間認識，就會發現我們身邊有很多故事，越是接觸到每個故事，就有越來越多的事情讓我們覺得很重要，一棵樹、一滴油、一道菜、一個產品，好像很容易的就出現在我們面前，似乎取之不盡用之不竭，但其實並不是這樣的，那需要經歷過很多不容易，被知道的很少，那些可能是一個人的一輩子，也可能是一塊土地的百年，幸運的我們因為走近看到了，所以更不想輕忽，不管

▲ 邀請B型企業夥伴一同到南澳朝陽社區種下新的苦茶苗

是人也好，還是這片土地。

二〇一六年，我們將產業種下；二〇一七—二〇一八年的計畫是探尋在地的美好價值，發展成一日遊或二日遊的行程；二〇一九—二〇二〇年將進行更深度的社區環境美化與再造，苦茶籽採收的同時，希望藉由朝陽社區經驗，可以成為其他老化社區再生的參考。

把事情做對、做好，也許沒有比把事情做大簡單，除了很多的追求，還包含了更多的割捨，當有不同選擇的時候，我們想做對大家都好的事情，並且對這片孕育我們的土地充滿感激。

▲ 古意盎然的林三益與亮眼時尚的 LSY，林家父子聯手再造下個世紀的經典美麗

（傳產十）

LSY 林三益

百年品牌　華麗轉身

大稻埕曾是台北的商業貿易重心，是許多企業的發源地，也孕育不少百年老店，隨著時代演進、產業結構的轉移，有些商店榮景不再，但也可以看到一些傳統行業在新世代接班後，在傳承父執輩豐富、悠久的經驗中力求創新。以精製毛筆聞名的「林三益」便是一例。

一九一七年創辦於福州的「林三益」，一九四六年遷至台灣，當時原子筆、簽字筆等書寫工具尚未普遍，「林三益」的毛筆事業蒸蒸日上，以產業

▲ 重新定義「毛筆」，投入彩妝刷具時尚業，並推出「LSY林三益」專業刷具品牌

龍頭之姿跨足進口書寫毛料批發，二代、三代家族風光經營。

然而到九〇年代末由第四代林昌隆接手時，傳統筆墨生意很快就陷入前所未有的困境，除了因為大眾使用書寫工具的習慣改變，加上書法不再列入中小學課程，市場需求急遽萎縮。林昌隆努力勤跑文具店，也試著積極開發佛具製作廠商，業績仍不見好轉。

雖然毛筆這個產業注定沒落的趨勢，但林昌隆從未放棄幫祖業找到新出路的想法。

偶然的機會下，林昌隆注意到指甲彩繪用的筆刷，「家中製筆技術應該也可應用於此吧？」這個念頭，成就「林三益」的轉型的契機。

將自家產品毛筆重新定義為「有毛的筆」，顛覆毛筆寫在紙上的傳統印象，投入製造彩妝刷具的時尚業，並推出「LSY林三益」專業刷具品牌。

然而，從毛筆到彩妝刷，產品使用的訴求不同，還是要經過反覆實驗與研發，再和專業彩妝師交流意見，才能製作出適用於各種美妝產品的刷具。

比如毛筆外型、功能變化小，而彩妝刷具則必須跟著市場流行脈動，依粉狀、液狀的產品特性，不斷推陳出新。擁有豐富製筆經驗及毛料選用專業，再靠著既有的紮實工法技術以及對毛料觸感品質的要求，「LSY林三益」如破繭而出，在彩妝界迅速崛起。

在新時代中找到商機，品牌轉型、行銷通路都必須重新經營。新商標取用廣東話發音「LAMSAMYICK」縮寫LSY，篆刻字型加上臉譜的圖騰設計，並刻意保留中文名稱，兼具中國古典與國際時尚感，也代表著品牌精神的延伸。

行銷方面，包括參加美容展、設立百貨公司專櫃、社群媒體、O2O電子商務，進一步與保養達人共同開發洗臉刷、偶像劇置入行銷等，還推出取得Hello Kitty授權的彩妝刷，一次又一次的全新嘗試，讓老企業找到新活力，也為家族事業開拓一條更寬廣的道路。

在轉型的過程中，林昌隆從未捨棄毛筆本業，調整經營策略後，改朝中高階禮品市場及學習體驗推廣發展。位於重慶北路的旗艦店裡，可以看到毛筆與彩妝筆毫無違和感地擺設在一起，長者選購毛筆、年輕女孩詢問彩妝筆，構成一幅有如跨越時空的美麗畫面。

「對林三益來說，毛筆與刷具皆是一種美的載體，不論是文化上的意象美或是妝容上的具象美。」從內在美到外在美，不同的消費族群得以同時見證這個老字號企業的專業及新風貌。

台灣的傳統產業多為家族企業，其寶貴的工藝技術及背後所代表的文化意涵如何延續，並藉由新元素的加值融入現代生活，是許多新生代接班人嚴峻的挑戰。

在「傳承」與「創新」之間，林昌隆找到屬於自己的平衡點，導入網路世代的品牌經營概念，再次擦亮了「LSY林三益」這塊招牌。

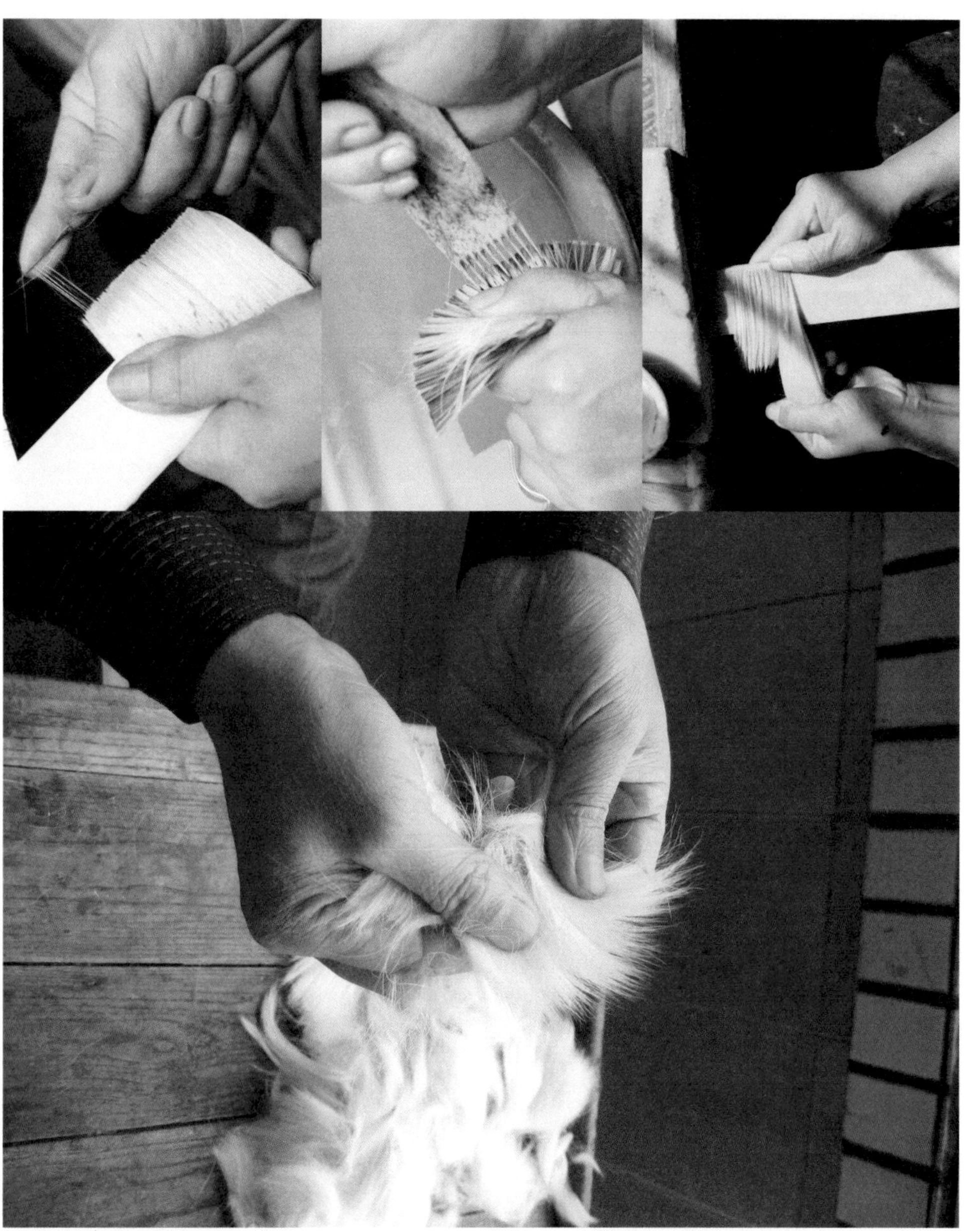

▲ 結合原有製筆工藝技術及對毛料材質的專業，研發出兼具柔軟與親膚性的各式彩妝筆

▲ 以精製毛筆聞名的「林三益」，在傳承父執輩豐富、悠久的經驗中力求創新

新苗創造的火光

傳承歷史　開創新局

林三益

從毛筆到彩妝刷具，雖然看似是在台灣傳統產業逐漸式微下，無奈轉型，然而在重新定義「毛筆」後，我們用傳承，啓動了一場美學革命，讓家族百年老店重新找到核心價值與競爭力。

一個是紙上揮灑的人文藝術、一個是妝點面容的時尚技藝，兩者看似無關，其實同為「美」的代言工具。從傳統毛筆轉型延伸到彩妝市場，在轉變過程中，面臨許多需要突破的難題與挑戰。

毛筆以前都是沾墨汁、水性的，可是運用到化妝品上卻是一大學問，有粉狀、膏狀還有膠狀的，製作技術上都需要一一克服。我們積極地向彩妝師請益，試用各類彩妝品，不同質地的彩妝要用哪種毛料材質才會更好使用，結合原有製筆工藝技術及對毛料材質的專業，一點一滴摸索，才研發出兼具柔軟與親膚性的產品。針對不同用途及妝容效果，目前生產各式各樣彩妝筆約有二百多種。

進軍彩妝刷具市場，目標客層轉為廣大的女性消費者，不但要建立品牌新的形象，還得面臨國際彩妝品牌的競爭。首先我們以林三益的英文譯名縮寫LSY命名，重新設計品牌標誌，篆書字體的英文字母排列出猶如女性溫柔婉約的側臉，象徵結合書法精神與流行時尚，追求外在、內在的雙重美麗。此外，也重新思考產品的包裝設計，過去賣的筆墨紙硯，多以堅固的箱子包裝並不會那麼講究外觀，但彩妝品牌的消費族群多是年輕女性，色彩豐富、精緻時尚的產品包裝設計，才能讓吸引她們目光。我們在台灣獨家推出Hello Kitty和美樂蒂刷具組，也有造型討喜的心型刷具，創下銷售紀錄，也掀起一陣討論熱潮。

銷售上，除了參加美容展、實體店鋪、百貨公司展櫃，增加第一線和消費者接觸的機會，同時也與各大電商通路合作，積極打造虛實通路，品牌成功踏上港澳及東南亞地區。我們更期許進一步用心經營專屬的品牌客戶，而推出彩妝教室教學影音及彩妝時尚專欄，結合各種社群行銷管道，從線上到線下，滿足消費者對於彩妝資訊的需求，讓「林三益」不只是賣刷具與毛筆，更是以彩妝專業為基底的女性資訊平台。

在筆尖上發現了傳統與現代的連結，讓老產業追上時代潮流，古意盎然的林三益與亮眼時尚的LSY，家族世代聯手再造下個世紀令人驚豔的經典美麗。

傳統筆墨生意逐漸沒落，但林昌隆從未放棄幫祖業找到新出路的想法

TEACH FOR TAIWAN
爲台灣而教。

（教育十）

Teach For Taiwan 為台灣而教

以偏鄉教育為脈絡 解決教育不平等

▲ 劉安婷返台創辦TFT，翻轉台灣偏鄉教育的困境

近年來城鄉差距、偏鄉教育、數位學習等教育議題引發各界關注，無論是政府或民間企業投入很多的資源，卻仍有許多的問題待解決，台灣偏鄉教育的問題關鍵在於「人」，而偏鄉孩子需要的老師可能和外界想的也不一樣。

▲ TFT是一群致力於解決台灣「教育不平等」問題的行動者

培訓偏鄉教師

在另一個教育現場，有一群「為台灣而教（Teach For Taiwan, TFT）」的熱血青年主動走進偏鄉教育最前線，想要發揮一己之力，實踐一場溫柔革命。

概念來自美國Teach For America，透過培訓優秀的青年教師到低收入及偏遠地區的學校任教，改變教育不平等的現況，為孩子創造機會。二〇一三年，劉安婷放棄美國的工作，義無反顧地返回台灣創辦「Teach for Taiwan」，期待能透過相同的運作方式，翻轉台灣偏鄉教育的困境。

社會各界一直投資很多金錢與資源在教育上，包括硬體設備與課程的改變，但若不從一個老師或執行者的質與量的分配不均或不足來看問題，再多的教育投資到最後都沒有辦法轉換成學生真正需要的。

簡單地說，TFT是兩年全職教學專案計畫，招募有使命感的青年，投入有教師需求的偏鄉小學，並提供持續的教師培訓與支持系統，成為台灣優質教育的推動者，並朝著發揮長期影響力的目標前進。

「這是一個投資『人』的工程」，劉安婷為TFT下了這樣的註解。

偏鄉學校需要老師的特質、心理素質和事前的準備工作與一般都會區的老師很不一樣。參與者除了需具備同理心、抗壓性、善於組織與溝通、激勵他人等人格特質，還必須完成五百小時課程訓練，包括教學力、領導力、解決問題的能力、帶動他人的能力、找尋資源的能力。

這些能力不論到任何領域都能夠發揮，更是企業需求人才應具備的技能。TFT不但投資年輕人、投資未來領導者，也投資孩子。

TFT的知名度快速拓展，愈來愈多台灣年輕人有心參與並成為支持理念的推動者，招募教師人數逐年增加，至今五屆已培訓超過一二〇位老師，前往雲林、台南、屏東、台東、花蓮等地的學校服務。執行的成果顯示，不但有效提高孩子的學習動機和成效，並能進而帶動學校其他老師一同參與，為學校帶來正向的提升、動能與資源。

▲ 教室是讓奇蹟發生的地方，而要讓奇蹟發生，必須有優秀的老師

▲ 串聯跨領域的專業人才投入教育現場，創造改變的可能性

創造改變契機

兩年教職工作結束，有人創立了非營利組織，有人繼續當教師，也有人去國外學習另類教育，希望能將所學帶回台灣持續為社會貢獻。啓發參與者思考自我人生的定位與志向，校友能在不同領域、產業持續發揮影響力，這也是劉安婷期許 TFT 能為台灣社會創造更多改變的契機。

TFT 的理念與使命獲得許多企業的贊助與認同，包括誠致教育基金會董事長方新舟、亞都麗緻總裁嚴長壽與台灣奧美集團董事長白崇亮等人的長期支持。從大額贊助、小額定期捐款，全部自募的 TFT，一年近五千萬的經費預算，加上政府支付偏鄉老師的薪資，有著可觀的成長。

然而，這些資金湧入無非是對新世代有深厚的期許，投資年輕人，支持的動力超越商業利益，這也讓身為創辦人的劉安婷，可以直接得到父執輩的企業家傳承給新世代的一股力量，而對支持 TFT 的人而言，不只是贊助的角色，也是對社會的投資。TFT 正在創造真實的改變，不只是在教育界談愛心，更重要的是能持續在社會各界發揮影響力。

▲ 教育無他，唯愛與榜樣而已

新苗創造的火光

持續用行動為教育發聲

Teach For Taiwan

TFT成立將近五年，計畫模式與成效已獲得各界檢驗與肯定，也為教育政策與整體環境注入正向影響，超過百位的教師與校友也持續用行動為教育發聲。從創立之時以三年為劃分，TFT將組織發展歷程分為草創期、穩定期與成長期，走過草創期之後，TFT將透過穩定期所設立的目標，將期間所儲備之能量，以及經由辯證和凝聚的目標，進行下一波的成長與擴張，以加乘既有影響力的發揮。

草創期成果（二〇一四—二〇一六）

·建立可複製的為台灣而教計畫模式，從甄選、培訓、支持回應偏鄉現場的教師需求

TFT在成立初期組成研究小組瞭解台灣整體教育環境，並派出兩位先鋒教師分別至台南、屏東服

務，深入探訪現場的需求與回饋，進而建構出為台灣而教計畫的模式；並在之後的三年成功送出三屆共五十七位 TFT 教師，累積服務超過一千七百位學童；且在二〇一六年第三方學者的研究中，顯示 TFT 教師對服務學童、學校和社區皆帶來正面影響，而為台灣而教計畫的成功因素，包含了有效的教師招募甄選制度，與兼具體制內外優點的教師培訓與支持制度。

・積極對外溝通組織願景與目標，串連各界人才與資源投入這場溫柔的革命運動

TFT 在成立初期組成研究小組瞭解台灣整體教育環境，並派出兩位先鋒教師分別至台南、屏東服務，深入探訪現場的需求與回饋，進而建構出為台灣而教計畫的模式；並在之後的三年成功送出三屆共五七位 TFT 教師，累積服務超過一七〇〇位學童；且在二〇一六年第三方學者的研究中，顯示 TFT 教師對服務學童、學校和社區皆帶來正面影響，而為台灣而教計畫的成功因素，包含了有效的教師招募甄選制度，與兼具體制內外優點的教師培訓與支持制度。

穩定期目標（二〇一七—二〇一九）

・吸引並說服更多優質人才投入

為了終結台灣教育不平等的問題，我們需要更多優質人才的投入，TFT 將持續建置更完善的計畫條件以爭取人才。

・TFT 的每一個人都能內化並實踐核心價值

TFT 期許成為一艘航空母艦，讓每一位參與其中的角色，都能懷抱著共同的核心價值，不斷努力地朝向願景前進。

・培育校友未來發展，並拓展高影響力途徑

TFT 投入資源協助 TFT 校友，藉由發展綿密的校友網絡，集結橫向跨域、縱向紮跟的力量，發揮環環相扣的影響力，使校友間的影響力相得益彰。

▲ 兩年的計畫歷程，除了影響著孩子的未來，也影響了青年自己的生命

．延續計畫評估研究與分析整體環境，確保計畫服務品質與影響力發揮

TFT 持續與第三方研究學者合作研究計畫，和進行教育總體環境分析，以系統觀瞭解台灣教育生態系，進而確立 TFT 的相對角色定位，並為台灣教育平等帶來最大化的正向影響力。

．凝聚下一階段：成長期之目標

藉由穩定期深化專業與累積組織能量，我們期望能在下個階段，擴展 TFT 的計畫範疇，以加速改善教育不平等的腳步。

成長期規劃（二〇二〇—二〇二三）

．更靠近願景，預備下一階段的計畫

TFT 除了將會持續培育人才回應第一線的師資需求，也會投注資源予校友加乘影響力的發揮。此外，TFT 透過這四年在教育現場的耕耘以及累積的經驗，更深刻了解到實踐教育平等的願景需要創造更多系統性的串聯，所以除了既有的為台灣而教計畫以外，我們不斷思索還能如何更全面及深化的回應教育不平等的問題，如：國中版教師計畫、學校領導人計畫、師資培育改革等；而針對下一階段的計畫，TFT目前正在廣泛蒐集資訊、訪談各領域專家前輩，以確切瞭解現場環境、評估所需要的資源，為成長期密切規劃當中。

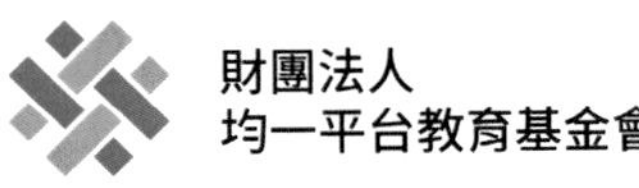

均一教育平台

（教育十）

▲ 呂冠緯捨棄醫師工作，選擇自己更有熱情的教育領域

縮短城鄉差距　翻轉教育思維

教育是改善貧窮的第一步，然而城鄉、貧富差距所造成的學習成效落差，加上教育資源嚴重分配不均，導致台灣學童的學習開始呈現M型化現象。「誠致教育基金會」自二〇一〇年起投入台灣教育改革工作，於二〇一二年開始打造「均一教育平台」，希望用「科技」提供每個孩子「均等、一流」的教育。

被喻為台灣版可汗學院的「均一教育平台」，透過雲端及網路科技，提供一系列線上免費教材，

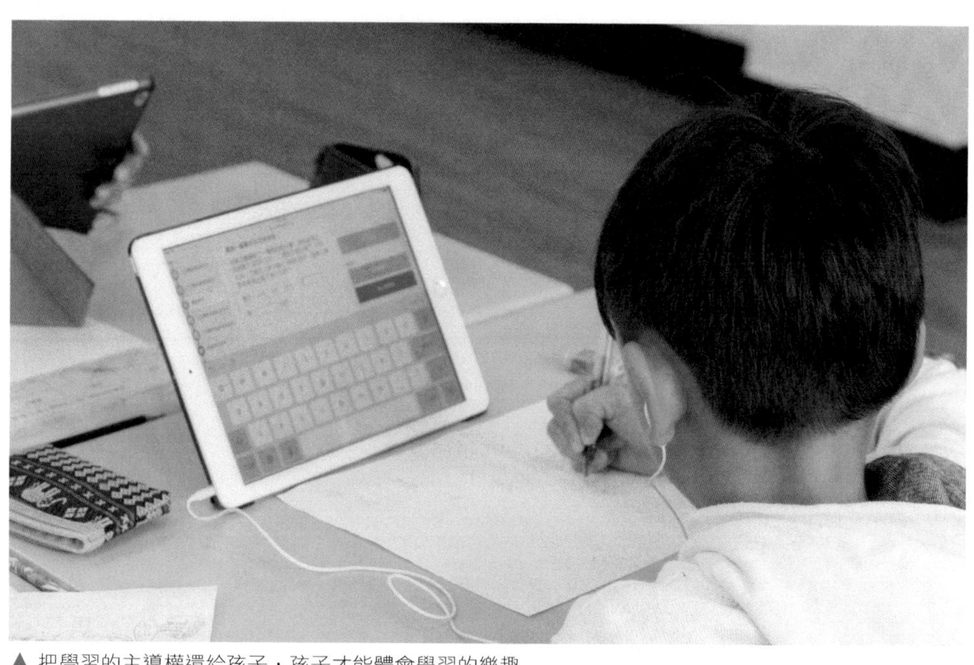

▲ 把學習的主導權還給孩子，孩子才能體會學習的樂趣

縮短城鄉教育差距，也給予學習落後的孩子再次學習的機會。目前已累積一萬一千多部教學影片，超過四萬題互動式習題，內容涵蓋國小、國中與高中各類科目，不論是教學、練習或解題，學生、家長及老師都可以上網免費使用教學影片與習題。

執行長呂冠緯，年僅三十歲，台大醫學系畢業後捨棄人人稱羨的醫師工作，選擇自己更有熱情的教育領域，在均一教育平台上錄製超過一千支教學影片。二〇一四年接任執行長職務，正式組織台灣團隊，配合台灣教育需求，錄製在地化的課程、開發在地化的題庫；同時優化平台功能、讓孩子可以找到屬於自己的學習步調，而老師、家長更能透過學生在平台上的表現，掌握學習成效，以便適時加以輔導。二〇一八年在眾人的祝福下，呂冠緯成立均一平台教育基金會，並出任董事長，接棒均一教育平台業務，讓這一波教育創新能持續延續。而誠致教育基金會將專注於公辦民營KIST學校的經營。

「關懷弱勢，科學救國」是均一教育平台的目標與理念，呂冠緯與團隊相信，隨著資訊科技的發展，教育也應該與時俱進。

▲ 來自不同領域，年輕朋友用自己的專業為台灣教育創造改變的起點

傳統教室偏重單向傳授，只有一個教學速度，學習落後的學生聽不懂，頂尖的學生在教室裡很無聊，若第一線老師的教學能結合均一平台，學習慢的同學可以補強練習，而學習快的同學則可藉由自學進度超前。把學習的主導權還給孩子，孩子才能體會學習的樂趣。

五年的時間，均一平台已有完整的軟體、教材、營運及行銷部門共約二十一人，其中不乏來自科技大廠的研發工程師及知名國際企業的管理人才，雖然轉戰非營利組織，但工作思維與辦公室氛圍就像是一家小型新創公司。

這一群熱血、富有理想的年輕人，用自己的專業能力為台灣教育創造改變的起點。

除了編制內的團隊，呂冠緯也希望能獲得更多企業界支持，鼓勵工程師志工加入行列，發揮台灣豐沛的科技人才資源，讓均一加速成為更符合教師、學生需求的平台，一起成就這股翻轉教育的力量。

曾任致誠科技公司董事長、前雷凌科技的執行長方新舟，是均一教育平台最大的幕後推手。從矽

▲ 已累積一萬一千多部教學影片，超過四萬道習題，學生、家長及老師都可以上網免費使用

谷到台灣，在科技產業耕耘多年，退休後轉換人生跑道，成立「誠致教育基金會」與均一教育平台，推動公益事業。

創辦之初即設定了「三不原則」：不難的事不做、不能造成深遠影響的事不做、不能擴大影響範圍的事不做，不但為年輕團隊奠定行事準則，其豐富的企業管理經驗和人生智慧，更是團隊最強大的隱形支柱。

同樣對教育有深切的期盼、對社會有強烈的使命感，台灣企業家與年輕新世代聯手打造的「均一教育平台」，我們看到成功的企業家提供舞台，扮演承先啓後的角色，讓年輕人得以發揮最大潛力，並透過新思維與新工具為台灣帶來改變的契機。

▲ 師長能針對每個孩子指派客製化的任務，落實差異化學習

新苗創造的火光

用科技創造均等學習資源 開創一流美好教育

均一教育平台

均一教育平台是全台灣規模最大、最活躍的線上學習平台，三百六十五天每天提供免費而優質的學習內容。在科技快速更迭的時代裡，我們相信能夠善用科技、自主學習的孩子和老師，將能規模化地改變目前「老師講、學生聽」、相對單向知識傳遞的課堂風景。

秉持著「用科技，讓每個孩子都能找到自己學習步調」的理想，經過五年的努力，均一平台達成了三項總體成果：

・使用均一的孩子，在優質學習資源的支持下，練習成為自己學習的駕駛。

超過一萬二千部學習影片，搭配四萬五千道兼

▲ 交流會中，與老師、家長一起關心孩子未來教育的樣貌

具趣味與教育的練習題目與精熟機制，讓孩子能自主地熟練學習內容，更從中培養主動學習的習慣。

・協助老師實踐差異化學習、幫助家長輕鬆陪伴孩子學習。

均一提供即時學習數據總覽的功能，提供老師孩子學習的情況，師長能針對每個孩子指派客製化的任務，落實差異化學習；同時，家長亦能從任務分析情況，了解孩子目前的學習情況。

・聯合政府、學校與各界力量，共同推動教育改變的在地落實

二〇一七年，均一與台大經濟系教授林明仁共同在宜蘭縣進行《均一平台成效評估研究報告》，驗證均一融入教學的有效性。透過宜蘭的推廣經驗，均一目前與十個縣市政府接觸合作，因地制宜提供大規模教師研習，增加教師使用人數與使用深度。

▲ 聯合政府、學校與各界力量，實踐差異化學習、推動教育的改變

「不要問這個世界需要什麼。問你自己，有什麼事會讓你充滿活力，然後就去做吧。因為這世界需要的，就是充滿活力的人。」

我們不斷思考如何擴大教育的影響力，使每個孩子透過教育，都能在自己的學習步調裡成長，並擁有築夢發揮天賦的能力。下一個年度，教育將面對一〇八年課綱的轉型挑戰，均一計畫加入能夠更加引起動機的影片、互動式習題與模擬實驗，同時加入電腦科學的學習資源，同時，軟體開發將注重在優化使用體驗，計畫開發人工智慧，協助優化學習的路徑與體驗。此外，在教師培訓上，將從十縣市擴增至十五縣市。

透過長遠的計畫、專注當下的實踐，均一期待能在下一個五年，走得更長遠，並期許自己能創造系統性的改變，最終，讓教育成為孩子天賦自由的通道。

義之豆（農業十）

▲辭掉工程師工作，翁育群將企業、工廠的管理經驗帶回農村

工程師返鄉　重振農村經濟力

為解決農村人口凋零、農業人力嚴重不足的問題，過去政府推動「漂鳥計畫」，鼓勵青年回鄉務農；又提出「小地主大佃農計畫」，活絡農地、提升經營規模與效益，都有不錯的成效。近年來有愈來愈多年輕人回鄉投入農業，不論是為了接下家中傳承的棒子，或是懷抱對農事、土地的熱情，都為台灣農業注入活力與創新。

翁育群，原任職於友達光電旗下子公司友達能源，負責廠房節能設計，同時也是農二代的他，多

▲ 在契作契銷的經營下，結合生產、加工、行銷三方共同努力

年前因為父親生病，請辭回鄉務農，也將企業、工廠的管理經驗帶回農村，逐步將家裡傳統農業轉型成為極具發展潛力的農企業。

嘉義縣義竹鄉是全台最大的玉米產區，但所種植的硬質玉米經濟價值不高，無法提高收入，也是當地農民長期以來的宿命。適逢政府啓動提高糧食自給率政策，又有企業願意契作收購雜糧，翁育群敏銳地觀察到商機及家鄉農業翻轉的契機，「既然要做農，就要種具有高經濟價值的農作物啊！」

台灣每年進口二百三十萬噸大豆，但本地年產量卻僅有二千七百噸，看好大豆的進口替代市場的成長空間，翁育群開始串聯鄰近青農轉耕高單價的大豆，估計獲利可增加一．五倍。

一踏進農業領域，翁育群就從國際農機拍賣網站進口二手農機，三分之一的價格便可採購到要價千萬的採收機，只要更換些許零件，功能就跟新的一樣，相較於新機，二手農機可以使用二十年，卻只要兩年半就可回本，「就投資的角度來看，二手機成本效益高，也有助於累積資本」，連動帶起同業購買國外二手農機的風潮。

▲ 持續推廣加工廠和通路商能多採用台灣本土大豆類產製品

決定轉耕大豆後，由於玉米跟大豆的種子、植株高低落差大，翁育群與夥伴們再度發揮機械專長，看Youtube國外影片、研究原廠文件，拆解改裝現有玉米農機供大豆種植使用，先前的百萬農機投資不至於付諸流水，再進一步在原本播種機上加裝施肥設備，節省更多時間與人力。

然而轉耕最困難的部分是田間管理，過去硬質玉米，病蟲害少，基本上播種後就等著採收，而大豆則大大不同，不僅大家不熟悉栽種流程，且需要更多的巡視和照顧。

團隊與台南改良場大豆專家吳昭慧博士協助下，從種植行距、植株密度著手，用科學化的方式實驗試種，找出最好的大豆種植方程式。

「就跟工廠生產管理一樣，從播種、灌溉、施肥、採收，我們已經制定標準作業流程SOP，也願意分享給其他農友。」平均每公頃三千公斤的大豆產出，高出一般種法的二千五百公斤許多，成功經驗讓翁育群更有信心計畫義竹的農耕未來。

有了收入倍增的數據及完善的栽種管理機制，成立「義竹雜糧生產合作社」，除了廣邀在地老中青二代農友加入，持續擴大產能，也希望打造生產端與食品加工業者之間的產銷平台，穩定收購價格，創造雙贏。「用合作代替競爭，我相信一群人能一起把事業做大，讓更多年輕人願意而且可以留在農村！」

在台灣科技業歷練過的青年世代，帶著有別於傳統農業社會的知識、方法以及觀念返鄉投入農業，從評估產業發展、投資成本效益到規劃生產流程、行銷通路，用企業的經營管理概念，重新建構台灣農村經濟力。

他們奮力拚搏，為在地農業發展找到新出路，證明了務農已不再是只能看天吃飯、被市場剝削的弱勢族群，同時也為返鄉青年指引出一條不同以往的從農之路。

▲ 安全、新鮮是產品特色，期待給國人更多優質的國產商品

契作契銷　資源分享福利共享

義竹雜糧生產合作社

義竹地區農業主要作物以雜糧為主，其中又以硬植玉米及稻米為大宗作物，配合農委會農糧政策，二〇一七年成立「義竹雜糧生產合作社」，整合有意願之農民轉型種植高經濟價值作物，提升農村再造、產業發展。

秉持資源分享、福利共享的經營理念，合作社成立目的有三：一、整合地方產業，契作方式，保固收價，提高農民經濟效益。二、轉型產業多元化方式，休耕地復耕種植，提升農民與社員經濟利益改善與保障，提高生活品質。三、深耕永續農業發展。

生產管理是以契作契銷的模式運作，分生產、加工、行銷等三個團隊，相輔相成。由合作社負責規劃生產，維持供貨量穩定及監管品質，並透過產銷履歷，驗證品質安全；加工業者包括：辰穎股份有限公司開發國產鮮豆漿商品、嘉農酒莊開發國產黑豆酒與黑豆醋商品、聯金食品有限公司開發黑豆饅頭商品，都是通過ISO22000驗證工廠。行銷則是委託嘉農酒莊業務及禾泰糧行，負責產品開發上市及原料銷售等。目前主要產品有黑豆茶、黑豆粉、鮮豆漿、黑豆酒、黑豆醋、黑豆饅頭等。

以農業的長期發展來看，由原物料端到後端加工業者的緊密結合，並加上專業行銷合作下，對整體產業才是最有利的。

經營契作業務來到第二年，契作面積年度成長二十七%，因應種植管理上精益求精的需求，我們也積極開發相關設備，例如：紅外線乾燥機（大豆），避免直接使用燃油乾燥接觸大豆；破粹篩選機，依照大豆不同粒徑大小篩網，將破粹大豆與雜質物排除。所生產的大豆品質受到加工廠的肯定與青睞。

近期在台灣區雜糧發展基金會協助下，開發多項雜糧大豆加工品，也拍攝紀錄片，將種植管理教育訓練、田間管理、加工生產、通路商品上市發表的一系列過程紀錄下來分享，特別感謝他們的協助及對國產雜糧推廣，讓台灣雜糧永續經營安心又健康，也讓未來想加入種植雜糧的農民更有信心。

我們會持續推廣加工廠和通路商能多採用台灣本土大豆類產製品，提供消費者更多樣的選擇。台灣地區栽種大豆成本高，且天然災害多（如颱風、暴雨等），常造成收成不如預期理想，但安全、鮮度高，是我們想要推廣的重點，期待給國人更多優質的國產商品，提升台灣糧食自給率。

農業產業經營方向展望，我們自訂一套自主生產管理模式，在契作契銷的經營下，結合生產、加工、行銷各方，大家合作共同努力，依照客戶端需求調整變化，相信離成功目標就近了。

▲ 邱裕翔承襲父親的理念、勇於把夢想做大

瓜瓜園

（農業十）

農二代創新　拉高含金量

這幾年政府積極鼓勵年輕人投入農業生產行列，加上愈來愈多的農二代回鄉接棒，不僅在農村間興起一股新希望與新力量，也在實務上發揮作用。我們看到不少種植大戶在新品種引進、規模化管理等方面開始展現優勢；傳統農區因為新技術、新手段，土地效益迅速增長；農產品則因為引入互聯網思維，身價倍增。

具有新知識、新視野的農二代，讓台灣農業含金量日益升高。

▲ 經營30餘年來只專心投入於地瓜一項商品

一九九一年創立的「瓜瓜園」，從早期的農會產銷班開始建立品牌，成功研發地瓜薯條及冰烤番薯等熱門商品，不僅成功行銷海內外，也是國內知名速食連鎖店、大賣場、鹽酥雞業者的重要供應商。近年與連鎖超商合作上架的夯番薯，年年熱賣，不論是營收、契作戶數、栽種面積皆呈倍數成長，搶下國內七成市占率。

承襲父親的理念、勇於把夢想做大的「瓜瓜園」第二代邱裕翔，串聯老農、青農，交出一張亮眼的成績單。

學生時代組樂團，也熱愛美國職籃NBA的邱裕翔，決定返鄉承接家業後，認真思考自家公司是否可以比照台灣樂團「五月天」，成功串起上下游產業生態系，或是像NBA結合各大球團組成聯盟，建全產業的全方面發展。「我們正處在一個承先啓後的時代，承先是把老一輩的經驗跟智慧變得簡單易懂、建構標準化管理流程，啓後則是透過科技及團隊分工，把農業打造成為年輕人可以發揮的舞台！」

將雲端行動科技導入甘藷產、製、儲、銷流

▲ 農場結合科技與自動化工具協助團隊更有效率管理

程，第一步就是著手開發的「田間即時管理系統」，把實際的地政資料口合結合 Google 地圖，清楚標記每一塊田的大小範圍，同時也記錄每塊田地的歷年溫度、雨量、肥料用量、產量等資訊，建立資料庫進行科學化生產和計畫性產銷，克服栽種時可能面對的種種不穩定性因素。

舉例來說，市場如果需要小型的甘薯多一點，農民可以隨時調整種植參數，確保供貨數量與品質的穩定。

制度化經營、智慧化管理，過去人工巡田的工作，現在則交由空拍機來執行，透過空拍，作物狀況一目了然。科技的加持，即使契作面積倍增，邱裕翔仍能對上千筆農地的產能瞭如指掌，並建立生產履歷，他期許未來農夫不再只是扛鋤頭辛苦下田，而是拿著平板電腦管理農地。

但農村人力老化、短缺的問題依舊存在，「瓜瓜園」成立代耕團隊，號召跨領域的年輕生力軍投入，從事流程管理、品保、育苗、加工、農業現場等工作，「農業的經營也可以像樂團一樣，各司其職、專業分工。」目前已經有五組由七年級員工組

▲ 有科技的加持，就能對上千筆農地的產能瞭如指掌，並建立生產履歷

成的農場經理人團隊，用服務業的精神做農業，將「瓜瓜園」打造成為全台最大地瓜契作服務平台。

同時邱裕翔也建立了完善的薪資福利制度、開放員工認股，讓投入農業的年輕人，年薪百萬不是夢。「就像電子產業，具備良好的就業條件與環境，自然就可以吸引並留住人才。」

求新求變的創新態度與思維，整合其他產業的成功經驗，邱裕翔運用網路科技、企業經營管理模式打造「適合年輕人的農業」，不但成功吸引年輕人回鄉耕作，也讓農業以嶄新的方式永續傳承。新世代「農業新貴」的誕生，攜手開創台灣農業新局面，已經揭開序幕。

▲ 從農場到餐桌的安心地瓜，歷經至少16程序、6道品管、7項檢驗

新苗創造的火光

地瓜產業Up升級 導入科技好Young

瓜瓜園

台灣地瓜第一品牌「瓜瓜園」，經營三十餘年來只專心投入於地瓜一項商品，「冰烤蕃薯」、「地瓜薯條」與「夯番薯」是熱銷商品，更是台灣唯一地瓜產銷一條龍的廠商。

一開始原是在台北中央果菜市場起家，民國八〇年代時期，僅做地瓜販賣以及少部分的加工，當時知名的連鎖速食店香雞城與頂呱呱所販賣的地瓜薯條，即是由瓜瓜園供應。不過，當地瓜薯條的市場產能逐漸擴大，遇到品質與數量穩定供應的挑戰，而為了讓地瓜薯條可以全省穩定供應，進而發展出冷凍地瓜薯條，藉此延長保存期限，也因此瓜瓜園做出遷往台南新化—番薯產地的重要決定，直接在產地進行加工，以確保原料穩定性。

從源頭安全健康種苗自行培育、農場綠色耕

作、分級儲存管理，再到地瓜的專業加工研發與製作，與最後品牌直接銷售。從農場到餐桌的安心地瓜，歷經至少十六程序，六道品管，七項檢驗，消費者口中吃到的每一顆地瓜將近耗時一年醞釀準備，只為一個目標就是讓消費者吃的安心美味。

瓜瓜園與農民進行契作之合作模式早已行之有年，擁有完整的契作與驗收制度，包括安全種苗補貼、依地瓜之凹凸圓滑度、重量進行分級評比，還有採取優於政府災損補償等良善措施，讓農民收入及收成品質同時獲得保障。今年瓜瓜園在台契作農民數已超過七百戶，契作面積已達一千一百公頃，台南和雲林為主要兩大契作地區，年總收穫量達三萬八千噸，大約二億條地瓜，以平均一條地瓜長度二十公分來算，串起總長度可繞一個地球。

在面臨人口老化與全球氣候環境變異，如何持續優化地瓜品質與提升產量一直是瓜瓜園最重要的兩大課題和挑戰，也因此瓜瓜園於近年積極導入現代化的先進農業機具與農業科技管理系統，並結合 RFID 技術傳輸物流管理等相關應用，希望可透過新方式與舊經驗的整合，翻轉舊有傳統耕作地瓜方式，也可以更有效率提升地瓜的品質與產量。此外也吸引更多契作夥伴加入，更間接帶動年輕人願意下鄉投入農業工作，以目前瓜瓜園合作的年輕農民佔比約四成，且每年平均增加二%—五%，公司內部四十五歲以下工作人員也超過四成。

「地瓜全身都是寶！」，為達到「全果利用」，瓜瓜園不斷投入創新開發，不論是冷凍的冰烤蕃薯、地瓜薯條、地瓜冰棒，常溫的地瓜片、地瓜酥、蜜地瓜、烤地瓜蛋捲，甚至是飲品類的地瓜茶、烤地瓜豆漿粉還有地瓜酒等等，如今已研發出多達近四十多種商品。讓全世界知道台灣地瓜的好，是瓜瓜園一直致力追求的目標，目前在北美、日本、韓國、香港、東南亞、澳洲已經都可以吃到瓜瓜園的冰烤蕃薯，而為了將地瓜薯條推向國際，瓜瓜園正計畫打造更大坪數的薯條加工廠，供應更多元多樣的地瓜薯條品項與應用，努力朝向國際化經營。

YesHealth iFarm

源鮮智慧農場

YESHEALTH iFARM

（農業十）

YesHealth 源鮮農業

科技農夫　深耕智慧農場

▲ 離開電子業，蔡文清跨足智慧農場，搖身成為「科技農夫」

二〇〇八年，光電科技出身的源鮮董事長蔡文清跨足智慧農場，種植水耕蔬菜，搖身變為「科技農夫」，擺脫水耕蔬菜「活不了三年」的魔咒，在科技技術的幫助下種植蔬果，蔡文清懂得從源頭解決「產出來」的問題，兼具量產、美味、口感、無毒、保鮮的市場競爭力，空廚及各大知名星級飯店皆是忠實採購者，近年來，在台已累積數萬名會員，更在二〇一八年開放智慧觀光農場教育消費者食農安全並讓大眾用味覺體驗新世代農業。

▲ 安心大口吃青菜，是我們對消費者的承諾！

一場病　開啓人生新旅程

當全球氣候極端化引發全球糧食危機，食安、鮮食意識抬頭，植物工廠的精緻農業商機正夯，儼然是一個熱門產業。然而，蔡文清建造一座座的農場，卻是在對抗癌症病魔過程中，立下的一個志業。

「健康取決於吃進的東西。」十年前的一場病，讓蔡文清改變飲食，開啓他另一個生命旅程，辭去興櫃公司巧州科技董事長職務之後，農業門外漢的他，才發現種「好蔬菜」是一門大學問。

「陽光、空氣、水、溫度與肥料」是植物生長的基本要素，但源鮮農場種的蔬菜進一步從植物生理、病理以及營養調節下手，而這些與水耕作物產量及品質是息息相關的。

求教植物神醫　研發有成

抱著追根究柢的精神，源鮮團隊人員拜師求教有「植物神醫」封號的國立中興大學植物病理學教授蔡東纂，一開始蔡東纂曾因不認同水耕栽植拒絕協助。不過，從不放棄的蔡文清感動了蔡東纂，在教授指導下，源鮮獨家研發的微生物菌與益生菌調配的液態肥料，成功地解決水耕蔬菜硝酸鹽的高含量與無自然菜味的問題。

「源鮮栽培的技巧把蔬菜變成特有的短纖維，因而富有水果蔬菜之名。」在蔡東纂證明下，源鮮的農作物肥料安全，能防治病害，提高抗菌抗病的能力，種出來的蔬菜還保有順口的甘甜風味。

「做對的事，而不單是把事情做對。」這是蔡文清投入種植無毒蔬菜的態度；「先找到問題，再解決問題。」更是他有效率管理農場的訣竅。

為突破水耕蔬菜面臨的三年魔咒，蔡文清開始思考如何克服水耕植物的水菌共生環境，易引發的壞菌變強，壓制好菌的隱憂；以及水耕栽培蔬菜每三年的產能年遞減，大量施灑化肥會助長壞菌，最後靠施灑農藥殺菌，更加劇食品安全的問題。

奈米水高含氧及殺菌　打破三年魔咒

於是，他親自向英國巴斯大學教授王望南請益，結合王望南研發的奈米氣泡技術，能將奈米化裝進水中，如同傳統農夫耕種前必須不斷翻土的概念，奈米化的空氣在水中，讓植物根部能長時間生長在有氧環境下，相對的，也只有好菌生長在有氧環境下，如此植物的根系健康後，整株蔬菜的原型原貌原色也展現淋漓盡致。然而，奈米氣泡在水中瞬間爆炸的高溫也同時達到殺菌效果。

蔡文清管理的農場讓外界看到，原來陽光、空氣與水，搭配施肥的管理以及植物吸收營養的結構，將每個參數控制好，植物可以活得很健康。

蔡文清領軍的團隊有懂光、懂電，還有懂農業的人才，從LED光源到自動化系統，為降低營運成本，首要解決LED光衰及發熱的缺點，團隊因而研發一套熱電分離的技術，能有效節省電費支出。

同時，結合大數據的資料分析不同階段農作物的生長關鍵，將資訊反饋到下一輪的生產流程中，持續優化農作物成長最佳化的環境因子，提升產能與維持品質。

蔡文清說，源鮮生產出的蔬菜耗損率極低，保存期限也相較一般蔬菜長，為源鮮客戶省下挑菜人力成本及報廢成本，創造企業與客戶雙贏。

差異競爭　創投資金挹注

源鮮經過近十年的研發，獨家的微生物有機液態肥料配方、人造太陽光譜設計、一條龍流水線生產、奈米氣泡水技術等等，是源鮮在市場上差異化的優勢。

再者，省錢降低成本，增加利潤，能落實大型量產，使得源鮮在競爭市場占有一席之地。國際創投更是因看好源鮮的品牌經營及全球拓展建廠計畫而挹注資金投資。

二〇一八年，落實擴大量產的建廠計畫，源鮮將從既有約百坪的農場、三公噸的月產能，擴建至八百六十坪的新農場，月產能將達至五十四公噸，僅次於美國Aerofarms七十四公噸的月產能，但源鮮農場的產效比（公斤／日／坪）卻是Aerofarms兩倍以上。

蔡文清完整整合台灣資通、光電產業與精緻農業的技術，二〇一八年成功將源鮮帶到國際市場上，現已在中國深圳與富士康集團郭台銘總裁共同打造日產能二・五噸智慧農場，源鮮成為世界上累積產能第一大、單位面積最高之植物工廠，更即將於北歐、英國等地建廠，未來發展值得期待。

▲ 結合大數據的資料分析，持續優化農作物成長因子，提升產能與維持品質

新苗創造的火光

整合農業科技 引領全球智慧農業創新

源鮮農業

注重食品安全與健康的蔬食已是全球飲食趨勢，更是台灣農業未來發展的新契機。「源鮮智慧農場」在經過近十年的研發與擴廠後，量產新廠二〇一八年初正式開幕，是外交部及桃園市推廣台灣科技新農業聚焦的標杆。

源鮮農業YesHealth定位自己為一整合健康與農業公司，創辦人蔡文清董事長於二〇〇八年被醫生診斷出罹患肝癌，靠著生機飲食、排毒運動，自己救回自己，找回健康，源鮮智慧農場每天產出供應「四零二低」（零農藥、零種金屬、零大腸桿菌、零寄生蟲卵、低生菌數、低硝酸鹽）的各式蔬菜。在近幾年的品牌經營下，在市場有著高品質生食蔬菜第一品牌的地位。蔡文清董事長從不同的視界重新創建台灣的新農業；蔡董堅持農業必須永續

▲ 學校團體參訪，傳承食農教育

經營的理念，並要創造食安、健康、好吃的核心價值。從每天吃的食物出發，達到「讓食物成為你的藥，藥就是你每天吃的食物」的完美目標。

源鮮智慧農場的核心技術是「整合」，相較於世界各國所謂植物工廠的業者，源鮮各項技術皆不假手於他人，從LED人造太陽、微型氣候控制、微生物有機液態肥、植物保護、奈米氣泡水、工程建廠、自動化設備等等，均由蔡董所帶領的團隊一手包辦，這樣不僅能完全符合植物生理需要外，也能精確地掌握成本並規模化量產。其中，懂得如何尊重及對應植物的生長本性才是智慧農場裡的根本，農場在研發階段累積了八年以上的各類大數據，這些數據的收集價值是在受控的環境下收集，能針對各製程細節不斷有效精進，同時也與極具農業前瞻研究的中興大學教授蔡東纂技術合作，運用微生物技術，自製完美微生物有機液態肥配方提供蔬菜真正需要的養分，還能藉由配方參數調整組合，提供口感上客製化的蔬菜。

源鮮智慧農場的新廠佔地約八百坪，種植場地地坪約四百坪，擁有十四層的垂直栽植空間，單位

▲ 桃園市市長（左）與英國投資部部長（右）來訪交流

面積產能超過一般農業的一百倍，日產量高達一・六公噸，目前量產的蔬菜種類超過三十種，實驗過的蔬菜種植種類也超過一百種，結合農業科技觀光旅遊、健康餐飲，打造全世界創新且獨有的商業模式。二〇一八年九月，歐洲植物工廠協會主席帶領多國對於植物工廠有研究的研究員、教授等人來訪源鮮智慧農場時表示，源鮮的商業模式是他們在世界各國看過不同植物工廠後，肯定源鮮的商業模式是最完整、最好的。

源鮮農業已準備好成為「World Integrated Agriculture Transformer」全球性農業整合引領改革者，提供具差異化的產品及智慧農場整套解決方案組合，二〇一八年為源鮮跨出國際的元年，從亞洲中國、東南亞到歐洲北歐及英國，源鮮會在全球導入如同「Intel Inside」的品牌行銷概念，推展「YesHealth Inside」，提供世界各地想建造智慧農場的企業或團體一整套解決方案，加速全球智慧農業落實、創新，為人類農食未來加速前進。

▲林之晨引進矽谷育成計畫的精神，整合加速器和創投的概念，讓新創團隊的創業過程更有效率

AppWorks

（創投十）

AppWorks之初創投

創業加速器 台灣網路產業發展推手

千禧年網路泡沫後，被視為「票房毒藥」的網路產業歷經洗牌與變革，十多年後的今日，不論是電子商務、雲端運算、物聯網等網路產業再次百花齊放，並帶動起各行各業的革新，新經濟的戰國時代已揭開序幕，正好是台灣新創公司切入的關鍵時刻。

時間回溯到二〇〇八、〇九年，當時人還在紐約創業的林之晨觀察到由Facebook、Twitter引領的

▲ 團隊提供各種協助與資源，給大東南地區（台灣＋東協各國）的創業者

社群平台風潮，以及iPhone、Android醞釀成型的App革命，將引領未來產業趨勢。而以硬體生產製造為主的台灣，若未提早布局，未來將很難在世界經濟結構和產業價值鏈中搶得一席之地。

創業加速器　近距離輔導

這樣的擔憂與使命感，讓林之晨開始研究新興網路產業、撰寫部落格與經營粉絲團，將所見所聞的全球趨勢新知與台灣朋友分享，直到現在仍經常發文，他的文章被視為網路創業者的入門教材，也透過網路建立一個志同道合的社群。

二〇一〇年舉家返台，以打造完整的行動網路產業生態圈為願景，林之晨創辦「AppWorks Accelerator」之初加速器，引進矽谷育成計畫的精神，把加速器和創投的概念整合在一起，提供台灣新創團隊一個優質的工作環境，讓早期的創業過程更有效率；同時也透過密集的輔導，近距離觀察創業者的人格特質及團隊能力，再決定雙方是否有更進一步的股權與資金合作，提高未來基金投資的準

▲ 打造密切交流的新創社群，彼此就是彼此最好的創業戰友

確度。

「AppWorks Accelerator」以半年為一屆，每屆徵選三十五支最具潛力的新創團隊，免費進駐其公共工作空間，並提供業師指導及資源連結，協助創業者將產品與計畫調整到最佳狀態。此外，在定期舉辦的Demo Day中，向投資人及業界展示團隊的研發進度與成果，提升募資與找尋關鍵合作夥伴的機會。目前已經累積輔導超過三百支活躍新創團隊、八百六十位創業者，全體年產值新台幣五百九十億，是亞洲最大的創業加速器。

每周安排固定的實務課程、諮詢討論及聯誼活動，促進創業團隊間彼此交流，大家互相鼓勵支援、激發靈感；遇到難題時，往往都可以在第一時間從群組間得到建議或解答。

互聯網+思維　整合資源

團隊雖各自在電子商務、遊戲、廣告、物聯網、O2O服務等不同領域努力，過程中大家醞釀

▲ 每次都有超過1,200位來自創投、網路與科技產業、政府與學界代表參與Demo Day，是台灣網路新創圈的盛會

出的革命情感始終緊密串連、互相分享。在林之晨與團隊用心經營下，由「AppWorks」校友們建構起來人脈網絡及如盟友般的互助文化，可說是整個創業加速計畫最大的價值所在。自二〇一八年八月的AW#17（第十七期）開始，AppWorks改為限定招收人工智慧與區塊鏈新創，再為社群引入下一階段最需要的兩種新血。

長期扮演台灣網路產業發展的推手，為協助創業者規模化，「AppWorks」催生了台灣少數針對網路新創事業所籌募的兩支基金，共計新台幣十八．二億元，集結政府和台灣主要金融、媒體、電信電子集團的力量，希望網路產業可以成為帶動台灣下一波經濟成長的引擎，林之晨更以「打造大東南亞矽谷」為策略目標，要帶領台灣一流的網路人才、優勢融合東南亞市場。

台灣創新創業動能火力全開，而以創業者的需求與成就為優先考量的「AppWorks」新型態創投因應而生。一改傳統創投低調、封閉的作風，善用網路媒體及群眾之力，用「互聯網＋」的思維，將創業者、業師、資金、資源全部聚集

▲ 經常舉辦各種主題講座，開放給新創團隊參加，彼此交流與激盪

在一平台。

傳統創投注重商業模式與投資表現，但需要資源的新創公司卻難以用客觀指標評估其價值，因而募資困難。「AppWorks」從早期育成到種子、A輪、B輪募資，一條龍式地活絡整體產業生態的運作，模式彌補了兩者間的差距。

其實，「互聯網＋」所帶來的破壞式創新，正顛覆著各個產業的遊戲規則，創投業也不例外。「AppWorks」猶如一匹大黑馬，短短時間內所爆發的影響力及成果，備受矚目，也為台灣創投界增添更多新世代的觀點與作為。

▲ 建立完整的 Master Team，提供在法務、財務、公關、招募、設計、工程等專業領域的協助

新苗創造的火光

向國際宣揚「大東南亞」市場劃分概念

AppWorks創辦人　林之晨

七○、八○年代，當中國啟動改革開放的火車頭，台灣為搭上這個風口，讓歐美認定我們是抓住這波大躍進的最佳合作夥伴，於是大力向國際宣揚Greater China = Tawain + China的概念。

這個自我市場定位運動非常成功，九○年代以後，許多歐美跨國公司都把中國與台灣劃分在大中華市場，並將區域總部設在台灣。這讓我們過去三十年的經濟發展，從中國現代化的大浪中獲取許多紅利。

二○一八年，印尼、越南、菲律賓等東協國家，同樣因為政治、科技等環境因素改變，激發經濟進入高速成長期。我認為，此刻，台灣應該再次展開市場定位運動，大力向國際宣揚Greater Southeast Asia = Southeast Asia + Taiwan，亦即「大東南亞＝東協＋台灣」的地緣劃分觀念，並且鼓勵歐美、亞洲公司，把大東南亞的總部、營運中心、研發中心設置在台灣，幫台灣爭取參與區域經濟成長的機會。

這個策略有以下重點：

一、**無需成立國際組織、也無需強權支持**　與加入TPP與RCEP等工作不同的是，宣揚大東南亞GSEA市場概念，無需成立任何國際組織，也無需任何強國同意。只要我們想做，沒有任何人可以阻止我們在國際上推動這個市場劃分概念。

二、**僅需部分跨國企業買單**　推行將台灣與東協劃分為同一區域市場，僅需跨國企業買單，在內部成立相應GSEA市場部門。更美妙的是，它無需所有企業買單，只要部分區域、國際級公司認同，願意採用，即便只有三〇%、一〇%，甚至是五%，都會增加我們參與區域經濟的機會。換言之，這個策略只會成功，很難失敗。

三、**在新經濟領域已有早期支持者**　GSEA這個市場劃分方式，其實是由蝦皮母公司Sea在其NYSE掛牌上市說明書中所提出，所以已經有一定的國際社會認同度，在網路與電商相關領域，也已獲不少跨國新創的認同。台灣在這個時間點補票上車，不用擔心自吹自擂、曲高和寡的問題。

四、**台灣可以供給大東南亞稀缺的多種戰略資源**　在GSEA，台灣的研發人才供給最豐沛，尤其是AI人才的質與量更是遙遙領先整個區域。此外，台灣還有軟硬整合的供應鏈、前緣學術研究、低學費的優質高等教育等資源可以供給，也有最具規模的電子商務、次級股票交易等市場。把台灣與東協劃分為同一區域的跨國企業，可以在大東南亞部門中，最有效的運用台灣資源，幫助整個部門成長。

所以GSEA不但不是口號，甚至比當年大中華還更有實質內涵。因此，近年來，我不斷向國際媒體、創業家、企業主宣揚這個概念。希望你也能加入我，一起把它喊成事實。

▲ Demo Day 是進駐新創團隊的重頭戲，正式對外 Pitch 創業成果

（文創十）

One Song Orchestra 灣聲樂團

用古典樂形式演奏 台灣之音放送國際

▲李哲藝以古典音樂為平台、台灣本土文化為主體，重新編寫出屬於台灣的樂章

四月下旬，朋友邀請我到台北旅店欣賞一場小型演奏會，李哲藝領軍的灣聲樂團當日以演奏不同世代的母親之歌，為母親節到來揭開序幕，也讓現場樂迷聽見不一樣的台灣之聲。

開場時，手拉大型古典音樂箱傳出的音樂，帶領著樂迷彷彿回到十八世紀，伴隨而來的熟悉旋律《望春風》，輕柔的音樂繚繞整個空間，勾起人無限的回憶，台灣本土濃郁的懷舊文化透過古典音樂

▲ 取名灣聲樂團代表「台灣的聲音」，期許台灣古典音樂走出自己的一條路

鋪陳出來，這就是灣聲樂團要讓台灣音樂走上國際舞台的一條道路。

台灣民謠　改編演奏

「以古典音樂為平台，以台灣本土文化為主體，重新編寫出屬於台灣的樂章。」李哲藝有感於古典音樂在台灣總是停留在外來文化的印象，在台灣土地上少見古典音樂會中演奏屬於台灣本土文化的音樂。醞釀二十年，今年二月李哲藝決定創立「灣聲樂團」。

畢業於中國文化大學音樂系西樂組的李哲藝，感嘆古典音樂在台灣與大部分的人很疏離，即使演奏者多麼努力鑽研古典樂，卻很難獲得觀眾共鳴。

演奏一首大家耳熟能響的古典音樂《卡門》、《卡農》不難，難的是讓古典音樂走入觀眾的心裡，與心靈共鳴，於是，李哲藝從出自閩南、客家、原住民族的台灣民謠，如《望春風》、《天公落水》、《阿里山之歌》、《碎心花》以及早年國台語流行歌曲《月亮代表我的心》、《家後》與民

▲ 重新演繹台灣音樂，讓它產生新的聆聽與觀賞的方式

歌《外婆的澎湖灣》等，集結大家所熟悉的樂曲，以弦樂團改編演奏。

李哲藝試圖從台灣尋找素材，並融入外來的古典樂，創作出大家熟悉的旋律，變成屬於台灣味道的作品，進而感動台下的觀衆。「我慢慢調整，不是投其所好，而是找到音樂創作的平衡點。」對於發揚台灣本土文化，李哲藝格外有感觸。

「我們只演奏二種作品，一是台灣作曲家的創作，一是以台灣素材為主的創作。」這是李哲藝創立灣聲樂團的定位。

早期雖然在國際舞台上演奏貝多芬的作品，但李哲藝意識到，台灣音樂人在國際舞台上演出別人的作品，但對外國樂迷而言，他們更在意的是台灣有無自己的文化，而不只是有很好的演出技術。

創新表演　爭取認同

「台灣文化高度可以超越古典音樂作品。」李哲藝近年來在國外藝術節上表演，國際聲音總是希望台灣樂團能帶來不同文化的創作演出；台灣有很多音樂人才被國際肯定，但李哲藝也感慨，備受國際肯定的台灣音樂人仍在演奏著國外的音樂作品。然而，台灣的作品，早已感動著地球另一端的人了。

有一次，李哲藝到倫敦演出《望春風》，有一位英國老太太特別到後台致意，為了就是要告訴他——《望春風》是她這一輩子聽過最美麗的音樂。

這一句簡單的話，為李哲藝留下深刻的印象，能得到國際樂界的認同，有著莫大的感動。

「灣聲樂團集結台灣年輕音樂家，用自己的表演方式與技術，演出自己的文化與音樂。」李哲藝為台灣年輕音樂家打造表演的平台，而新一代的年輕音樂家對台灣土地的認同感，以自己文化為傲的氛圍已形成，懂得發展出自己意識與文化的作品。

「有感受、有創新、有認同」才能把灣聲理念傳遞下去。

企業支持　包場相挺

灣聲樂團做台灣的音樂，做屬於台灣文化的事情，也獲得企業界的支持，包括台新銀行文化藝術基金會董事長鄭家鐘、宏碁集團創辦人施振榮以及聚陽紡織等企業力邀包場表演。

李哲藝自創一套音樂主題菜單屢獲得市場青睞，企業以實際行動支持，讓灣聲樂團的音樂創作能一直蔓延下去。

「灣聲要朝自立自足的經營模式，才能長久經營。」個性不喜歡花時間反覆做同一件事的李哲藝，早已累積不同經驗與能力，磨練出對市場的判斷，形塑自己的價值。

近期，他計畫帶領樂團以「媽祖遶境」的方式，行走台灣三一九個鄉鎮，要深入市場口、農會停車場與學校，用雙腳一步步行走台灣，用音樂一刻刻接近民眾，讓更多台灣人聽到不一樣的灣聲。

台灣要提升國際競爭力，除了在科技產業展現實力之外，灣聲樂團代表著一股以藝術與文化的力量，呈現台灣的軟實力，對外提升台灣在世界與國際地位，對內也凝聚本土文化意識的向心力與士氣，灣聲樂團傳揚古典音樂本土化並與國際接軌，可望創造下一個「台灣之光」。

▲ 做台灣的音樂、做屬於台灣文化的事情，獲得企業界包場支持

新苗創造的火光

讓台灣古典音樂走出一條自己的路

灣聲樂團

李哲藝多年來參與了許多國際音樂藝術節的演出，足跡遍及世界數十國，深深感受到「自身文化」在音樂情感中扮演的角色有多麼重要，於是在累積了超過廿年的音樂製作、編曲與作曲的經驗之外，親力號召了台灣許多優秀演奏家，終於以台灣音樂為主軸成立了專門演奏台灣作品的專業樂團【灣聲樂團—One Song Orchestra】，灣聲樂團的主要演出音樂包括兩個方向，一是台灣人所寫的音樂，二是以台灣的素材所寫的音樂，而李哲藝挑起甜蜜的重任並同為灣聲樂團藝術總監暨指揮。（以下簡稱李）

李觀察，首先台灣人對於自己作曲家的古典音樂作品沒有信心，也覺得聽不懂；演奏家看輕國人作曲家，不願意花時間好好演奏，環環相扣，這些

都讓古典音樂的市場無法進一步拓展，「灣聲樂團會一步一步來，先選擇可聽性高，有旋律線條的作品，讓國人慢慢接受，這個過程，知道是漫長的運動，但現在不做，之後的年輕音樂世代只能宣布畢業就是失業。」

李這二十年來都在思考，如何讓古典音樂也能夠發出台灣的聲音，這也就是為什麼把樂團取名為灣聲樂團：「台灣的聲音」。台灣音樂對台灣民眾是生命的記憶，我們用原來的方式去演奏，它可能會繼續傳唱，但是時代在改變的時候，它沒有辦法產生新的力量與價值，因此我們需要重新演繹台灣音樂，讓它產生新的聆聽與觀賞的方式。

而今李覺得時機成熟可以成立灣聲樂團是因為近十年來以下三種人的想法改變了：

第一種人：古典音樂家（老師）

許多台灣人小時若是家境許可，多半會學習一兩種樂器，貝多芬、莫札特、舒伯特這些古典音樂的大師自然都是學習的對象，老師時常告誡學生「不能拉民謠、不可以彈流行音樂。」直到出國接觸到國外的音樂家們，李才發現完全不是這麼一回事，很多國外的音樂學院老師或演奏家，非常喜歡演奏甚至教授學生當下時興的流行音樂，李曾詢問過，「你們不會覺得這不是古典音樂嗎？這樣不會被干擾嗎？」卻得到令人意外的答案，「古典音樂在兩三百年前也是當時的流行音樂啊！他們的本質是相同的。」

第二種人：演奏家

因為不同的環境而出現不同的觀點，隨著現在越來越多的台灣音樂家到國外留學接受了這種「新觀念」之後，當李提出他想要「用古典音樂方式表演台灣文化」，受到的阻力與質疑也越來越少。

第三種人：觀眾

以前的音樂圈壁壘分明，聽流行音樂的觀眾不會想要接觸古典音樂，而習慣古典音樂的觀眾也無

▲ 集結台灣年輕音樂家，用自己的表演方式與技術，演出自己的文化與音樂

法接受流行音樂的曲調。但是李察到，近幾十年來，全世界的音樂圈都在進行一種進化——「跨領域」，許多不同領域的表演藝術被放在一起「融合再進化」，「當這種跨界變成常態的時候，觀眾就越來越容易接受這種非傳統古典音樂的表演形式。」

因為這不同的三種人，讓灣聲成立之後，立刻獲得台灣各界的支持，許多民眾對於「台灣文化加上西洋音樂」的接受度變高。現在正值網路世代，傳播力更強，希望花十年時間做好這個樂團，讓台灣古典音樂走出自己的一條路，再看看台灣音樂可以走去哪裡；並秉持著將『古典音樂台灣化，台灣音樂古典化』的目標邁進，而灣聲的成員都是經由古典音樂訓練所培養出來的優秀音樂家，以發自內心最濃厚的情感呈現台灣自己的音樂，努力讓演奏台灣作品成為一件被重視的優雅盛事，相信有朝一日，屬於台灣的音符不僅會在這塊土地上到處被演奏著，也能飄洋過海為我們的文化發聲、感動全世界的聽眾。

二、新時代、新事業

flyingV（群眾募資）

讓創意變生意

◀ flyingV創辦人 林弘全（小光）、鄭光廷（Tim）

「如果你真心想做一件事，全世界都會來幫你」，這是群衆募資（Crowdfunding）的最佳詮釋。近年興起的群衆募資風潮，任何人都可以在網路上發起各種專案，藉此獲得媒體及社會大衆的關注，更重要的是能獲得贊助者小額資金支持，讓創意想法有了實現的起點。

亞洲最大群衆募資平台flyingV，創辦人林弘全還在交大資工就讀時就與同學創辦了「無名小站」，是Facebook風行前台灣最大的社群網站，

後來成功以二千二百萬美元被Yahoo奇摩併購，成為台灣Web 2.0時代的創業傳奇指標。

熱愛創業、充滿熱血理想的林弘全，二〇一一年再次創業，引進當時國外剛起步的群眾募資概念，希望可以為台灣的創新、創意搭造一個舞台，讓青年朋友的想像力盡情揮灑，創造更多可能性。

flyingV的營運模式相當簡單，提案人用文字及影片展示自己想做的事情及執行時程計畫，並允諾贊助者適合的回饋方案，募資成功則由平台收取八%的手續費，維持日常營運。

除了解決年輕人取得資金不易的問題，flyingV同時也提供一個創意或產品上市前的測試機會，「與其在家想了一年、辛苦募資又一年，不如早點在市場上公開自己的想法，透過募資結果評估所要執行的計畫及實踐方法是否符合市場期待與需求，進而降低創意開發或創業風險的成本。」

從正式上線至今三年，平台上已有一千五百多件提案，近七百個成功案例，累計募資總額超過三億台幣，不論是提案團隊、參與人數或募資金額每年呈現跳躍式的成長，其中也不乏有許多團隊因而

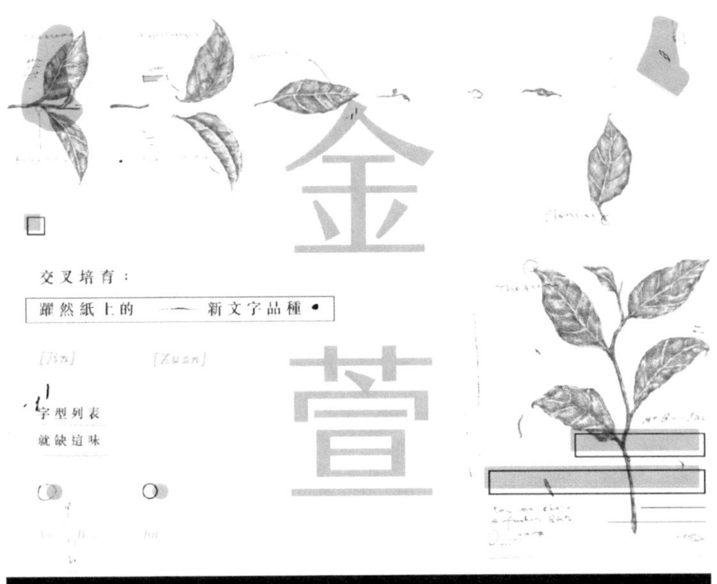

◀2015年「金萱字體」募資案，首日即突破千萬，是全球集資金額最高的字型案件

獲得第一桶金，奠定創業的基礎。

去年最受矚目的「金萱中文字體」專案，短短七十六分鐘就達成一百五十萬元募資目標，結案共募得約二千六百萬資金，創下台灣群眾募資紀錄。網路科技「去中間化」的特性，讓群眾募資的新經濟模式崛起，成為全球新創團隊重要的資金來源之一。

過去傳統的籌資來源有限，一般是向親朋好友募集資金，再者求助於銀行或政府融資管道，如果規模不夠大、沒有完整的營運計畫書也難以獲得天使投資人或創投的資金挹注，短時間內要找到很多陌生人出資支持，更是難上加難。

現在群眾募資平台，讓創新創業的點子可以直接觸及廣大群眾，在認同提案者的產品或服務概念的前提下，透過出資或認購產品，集結群眾的力量加速集資過程。群眾募資打破傳統資金取得的管道與限制，正重塑資本市場的遊戲規則。

林弘全並未停止腳步，「flyingV」僅是他建構「從創意到生意」生態系統的起點，去年年底進一步打造創意實驗基地「涇地—venue」，用驗證育

◀近年來廣受注目的募資案例—Zenlet 2 極簡錢包

成的方式，讓小規模的創意有機會進場實務運作。

「溼地是一個場域，跨業跨界人們在此互動連結、激盪共創，同時它也是一個空間來展演、執行、銷售創意。」內部一律採用新創服務，餐飲、網路、監視系統、音樂，堅持讓有創意的人有生意！

隨著案源增加，衍生投資機會，林弘全也積極往下游布局，計畫再推出的股權群募平台，協助新創公司接軌資本市場。

在其勾勒的藍圖下，未來三千萬以下資金都有取得的替代方案，初期一百萬至五百萬用群眾募資平台籌措、一千至三千萬則可以用股權群募平台；他相信補足創新事業資金鏈上的前段空缺，將能激發出龐大的成長契機。一度創業的林弘全，成就自己也成就他人，為各行各業打開新路。整合群眾募資、實驗基地及股權群募，一步步為台灣創新創業環境注入滿滿動能。

◀近年來廣受注目的募資案例—POIEMA空氣淨化器

新苗創造的火光

用參與　定義生活

flyingV

「Do What Defines You—我用參與、定義生活」是flyingV群眾募資平台主張的核心價值，致力於讓更多價值與理念被看見；讓好的點子走入生活。以創新為動力、以網路為平台、以群眾為基礎，任何人都可以在平台上發起各種專案，藉此獲得媒體與大眾關注，同時獲得贊助者資金支持，使創意想法得以實現。

自二〇一二年成立迄今，flyingV累積會員數達四十三萬人，協助超過二千五百件專案上線募資，近一千五百件以上專案成功達／超標，總募資金額超過新台幣六億元，不少團隊透過平台募資因而獲得第一桶金，邁出創業的第一步與奠定基礎。而在輔導專案的過程中，flyingV持續地將過去經驗與業界夥伴整理成為系統化的提案輔導資源，七年來所累積的成功募資經驗在各大產業均陸續產出豐碩的

▲ 打破傳統資金取得的管道與限制，塑資本市場的遊戲規則──生祥樂隊《圍庄》專輯

成果。

在營運模式上，提案人用文字與影片呈現概念與執行時程計畫，並允諾適合的回饋方案，募資成功後flyingV將收取八%的手續費，維持平台日常營運。

在廣受注目的案例上，包括二○一五年總募資金額約二千六百萬的「金萱中文字體」，二○一七年揚名國際的台灣設計產品「Zenlet 2極簡錢包」募得近八百五十萬，二○一八年寫下募資最高金額近七千萬歷史紀錄的「POIEMA空氣淨化器」。

透過募資結果評估概念是否符合市場期待與需求，進而降低風險成本，使概念或產品真正面對市場時能更有效的直擊消費者需求。群眾募資打破過往籌資來源及須等到上市時才能見真章之傳統過程，除重塑資本市場遊戲規則外，更加速催化微型創意與動能的誕生。

邁入平台營運第七年，flyingV營運的版圖擴大，於二○一八年中宣布與泛科知識新媒體集團締結結盟夥伴，此策略將結合兩方線上與線下多樣化的經驗與資源，打造台灣首見的知識服務聯盟。除

◀ 打破傳統資金取得的管道與限制，塑資本市場的遊戲規則—紅鼻子醫生計畫

此之外，flyingV也致力於深化群募友善生態圈，包含課程、工作坊、線上線下活動／專題，甚至空間，皆是flyingV多年來致力參與的範疇。而針對累積超過二千五百件專案上架經驗與使用者反饋，衍生出二個全新服務，解決用戶需求與直搗通點：

「群募特工Vsquad」：flyingV精心挑選各項專業領域中的菁英，從影片拍攝、美術設計、文案撰寫……提供募資團隊最適合的夥伴。合約、工作期程與金流一切公開透明，保障提案團隊在外發專案時的權益與品質，讓團隊在募資的過程中不再是孤軍奮戰。

「Rolla」：針對品牌與創作者打造的全新定期定額制平台，將注意力拉回創作者本身，而贊助者透過小額贊助，灌溉創作者持續投入藝術與文化的能量。

在flyingV勾勒的藍圖下，提供服務將拓展至群眾募資更外圍的生態圈，更成熟的將市場反饋、供應鏈資源與媒合機制串聯，顛覆以往單向輸出的企業發展模式，強化每一創意、創業計畫與市場的連結性，鞏固品牌發展同時帶動上下游合作單位正向

▲ flyingV 群眾募資凝聚改變的力量

發展，使「去中間化」更落實在平台發展上，為台灣創新、創意環境注入更強大的動能。

Backer-Founder 貝殼放大

（群眾募資顧問）

▲ 林大涵獲選《富比士》亞洲版「30位30歲以下創業者」名單（Forbes 30 under 30 Asia 2016）

群募　改寫商業遊戲規則

近年來，社群網路改變人們的時間分配，群眾集資則改變了人們分配資源的方式。

全球群眾集資迅速崛起，包括國際知名的Indiegogo和Kickstarter等之外，二〇一一年，台灣首家非營利調查報導平台「weReport」成立；二〇一二年，以設計文創為定位的首家回饋型群募平台「嘖嘖」開站，接著還有「flyingV」、「HereO」等平台陸續上線。

在台灣利用網路向群眾集資的成功案例很多，

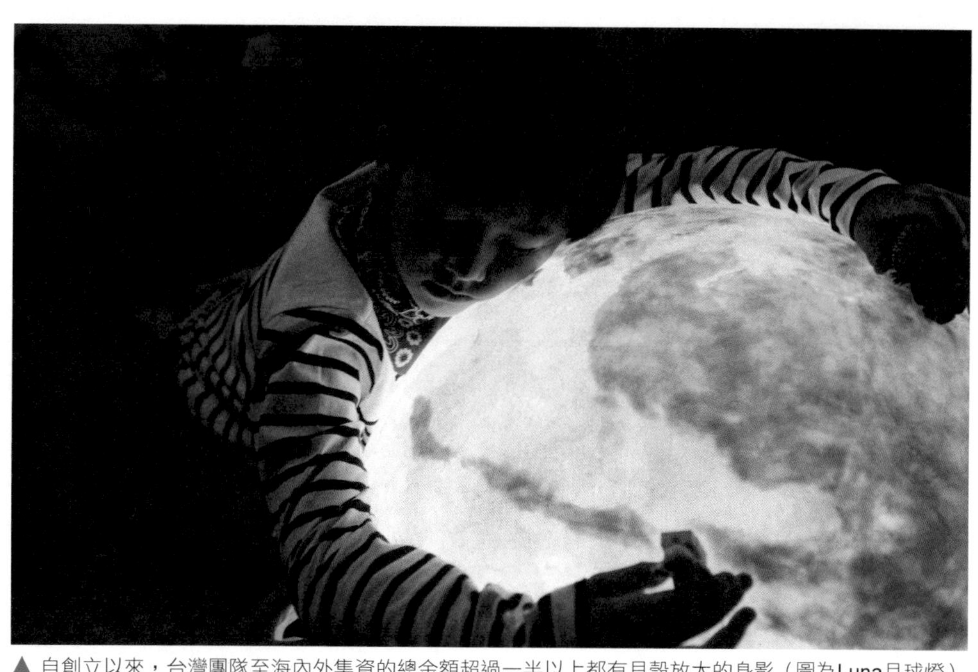
▲ 自創立以來，台灣團隊至海內外集資的總金額超過一半以上都有貝殼放大的身影（圖為Luna月球燈）

比如紀錄片《看見台灣》聚集三千多位民眾、新台幣二百四十八萬元捐款，一起在自由廣場觀賞首映；太陽花學運凝聚人們行動力、小額贊助支持一個理念，甚至舉凡日常生活中隨手捐贈發票、零錢給公益團體與捐款幫助流浪貓狗，這都說明著：「你已是群眾集資的參與者了。」而透過群眾的力量，匯聚各方資源，群眾集資正在改寫商業遊戲規則。

二〇一四年，林大涵創立台灣第一家群眾集資顧問公司「貝殼放大」，透過策略規劃、影音製作、媒體行銷、原型量產、網站製作、股權集資等服務。成立三年以來，協助ARRC前瞻火箭、月球燈Luna、鮮乳坊、台灣吧、茶籽堂、口袋相簿Piconizer、Mooink等近二百件專案，從市場預熱開始的一系列推廣模式，也逐漸變成了國內群眾集資的操作準則。

至今國內外集資金額累計超過新台幣九億元，平均每件專案集資金額達五百萬元，是一般專案平均成績的二十倍以上。除了需要資金的新創團隊、公益團體和社會組織外，包含歐美、中國、日本與

▲ 重新出版已絕版的《金庸作品集—復刻典藏版》，至少需獲得 500 套以上才能順利進行，群募是最理想的方式

馬來西亞和台灣的多家上市櫃公司也委託貝殼放大，到海內外平台籌資。

貝殼（錢）的任務就是「把錢放大，把整體價值放大」、「讓懷『才』不遇遇見懷『財』不遇的人」林大涵從一開始協助提案人實踐構想，將構想轉化成實際成果，完成集資目標，漸漸地將服務對象轉到贊助者，透過對贊助者的資料與喜好進行分析，建立新的機制、研發創新的合作。

群眾集資市場同樣面臨生存競爭的挑戰，不少業者逐步被市場淘汰，然而，「貝殼放大」成立以來，不斷地突破現況，包括挑戰不同類型的專案、從平台集資嘗試獨立集資、行銷操作方式，突破以及發展從實體產品回饋轉為權益分潤等不同集資型態，林大涵認為集資還有許多不同的可能性可以發掘。

「我不開發平台，任何平台都可以是我的朋友；我若開發平台，任何平台都會是我的敵人。」這是林大涵經營「貝殼放大」的特色之一。他協助客戶善用行銷工具，在自己的網站上也可集資，實現自己的理想。未來「貝殼放大」希望將群眾集資的行銷結合數據累積，朝「只有我才做得到的服務」邁進，對林大涵而言，這才是最高層級的服務價值。

二〇一六年，《富比世》亞洲版三十位三十歲以下創業家名單，林大涵是入選的台灣人之一。「貝殼放大」也獲得到三創董事長郭守正、新浪網共同創辦人蔣顯斌等人注入種子資金與A輪融資。

二〇一七年，貝殼放大受邀參與世大運品牌小組，透過多支動人或有趣的影片和多樣化的社群設計，為世大運打出了一場逆轉好球，也進而開啟了更多新型態合作的機會，包含國際3C品牌、知名大型IP、跨國銀行等多家大型公司都委託貝殼放大進行新型態的品牌推廣。

至今維持損益兩平的「貝殼放大」把大部分資源投資於人力上，為員工創造水平之上的工作環境，也是他經營公司的目標之一。「員工在這裡工作，初期實現的夢想都不是自己的。」林大涵說，但一旦員工累積了技能，不乏從這裡出去創業的人，「貝殼放大」反而協助員工找到人生的方向。

謙虛自認為無學歷、無才華、無負擔與無目標的林大涵，歷經人生不少挫折，在挫折與奮鬥的過程中因貴人引路走入群眾集資這一條路，從此改變他對人生的態度，從沒有耐性與失去信心到變得對人生很認真與充滿自信。回頭看，他認為自己的人生走得比別人更寬廣。

群眾集資已成為新創團隊行銷與取得資金的選擇之一，值得驕傲的是背後有一群新世代年輕人，不斷地結合創意與活力，將提案者與贊助者匯聚一起，提供生生不息的市場催生機制，協助更多人創業、累積力量、參與改變，並且圓自己的夢。

▲ 輔導Polar Ice Tray在Kickstarter上集資，在一天內達標、第二天入選編輯精選案件

新苗創造的火光

乘載夢想 引領台灣品牌航向國際

貝殼放大

貝殼放大股份有限公司成立於二〇一四年十月，是台灣第一間群眾集資顧問公司。提供的服務包含了最初期的專案評估、市場調查、策略設定到製作面的影片、文案、商業設計、行銷面的廣告、社群、公關、客服乃至於集資後的生產、投資媒合等，為群眾集資的提案者解決執行過程中的各種問題和需求。

相較於台灣群眾集資專案平均成功率（達到集資目標金額）不到五成、平均金額約三十萬元的成績，貝殼放大參與輔導的案件成功率超過九成、平均單案募集金額超過四百萬元，累積了超過四十萬名來自世界各國的贊助者。

自創立以來，台灣團隊至海內外集資的總金額超過一半以上都有貝殼放大的身影，包含：「金庸精裝典藏版」、「mooink電子閱讀器」、「日星鑄字行字體修復計畫」、「美感教科書計畫」、「金萱半糖集資」、「舊遊戲時代」、「Polar ice 極地冰球」、「太陽的孩子」、「行者」、「Formoonsa cup月釀杯」、「Luna月球燈」、「口袋相簿Piconizer」、「Luna 360攝影機」、「Yocam多功能攝影機」、「Flux Delta 3DP」、「動畫台灣史台灣吧」、「ARRC前瞻火箭」、「空氣滑鼠ODiN」、「鮮乳坊」、「Remix mini」、「Ticwatch 2」、「博恩夜夜秀」、「十二夜2」、「均一教育平台」、「CUBO」等，累積集資金額超過新台幣八億元，二〇一七年全年營收也正式破億。

群眾集資長期以來被視為是新創公司、個體創作者或資源相對缺乏者的專屬管道。但隨著代表性專案層出不窮，包含鴻海集團、台達電、遠流集團在內的大型上市櫃公司也開始透過貝殼放大，以群眾集資快速發展自有品牌或實驗性產品，更有包含美國、中國、日本、香港與馬來西亞等海外團隊專程來訪或委託貝殼放大執行全球性的群眾集資和行銷規劃。

▲ 執行Piconizer口袋相簿預購專案，兩週突破12,000支訂單，創下國內集資預購最高金額紀錄

二〇一七年中，貝殼放大以品牌小組成員身分參與台北世大運網路與社群行銷，一系列從趣味到感人的宣傳影片累積撥放次數超過二千萬次，搭配加油產生器和鍵盤世大運的數位互動與二次創作的規劃，創下夏季世大運有史以來最高的售票比例。並於二〇一八年起正式成立新事業部門，以品牌顧問與整合行銷方式服務包含台灣小米、星展銀行、東森集團、霹靂布袋戲等大型公司。

不論在公民議題、內容產業、科技和設計領域、乃至於最新的區塊鍊領域中，即便市場規模未必很大，但因為優質的人才、自由的環境，台灣仍保有特殊的優勢，但需要更多導入海外資源的管道，才能抑止人才和新創企業的外流趨勢。

貝殼放大在未來也將持續透過一條龍式的整合服務，結合全新的技術並導入包含權益式、消費式等更多新的集資模式，讓內容創作者、空間經營者得以串接國內外的開發者與投資／贊助者，讓台灣成為資源的匯集地、品牌的輸出國。

得獎經歷：

- 二〇一五年　Lavie十大文創企業
- 二〇一六年　新創事業獎　知識服務業組　金質獎

▲ 團隊的任務就是「把錢放大，把整體價值放大」、「讓懷『才』不遇遇見懷『財』不遇的人」

（電競）

4GAMERS 就肆電競

▲ 前電競國手黃智仁創辦4GAMERS，熱血打造全新視野的電競娛樂產業

大數位時代新體育

社會大眾常把「電動」與「電競」畫上等號，但事實上宅男窩在家打電動的刻板印象早已過時，許多國家正式把電子競技（e-Sports）列為體育項目，其中不論是選手賽前訓練、戰術沙盤推演以及團隊合作默契都與正規運動比賽無異，隨著玩家與觀賞直播賽事的人口急速成長，電競可說是數位世代的新體育。

▲ WirForce 2017在台北花博舉辦72小時不斷電LanParty電競嘉年華，超過10萬人次進場參觀

電競行銷　發揮台灣優勢

近年來，電競更開始被視為全球的新興產業，代表的不只是玩家技術的精進、興趣的昇華，其背後所創造的產值與帶動的商機，包括軟體、硬體及賽事媒體等各層面，都將邁入成長爆發階段。

由前電競國手黃智仁所創辦的「4GAMERS就肆電競」，看準世界趨勢、發揮台灣優勢，熱血打造全新視野的電競娛樂產業。

黃智仁是阿根廷華僑，家族長期在布宜諾斯艾利斯經商，從小耳濡目染商業經營之道。家族傳統慣例，在孩子十八歲成年時給予一萬美元資金做點生意，當時黃智仁選擇自己最愛的遊戲機台販售，後來主導家族事業經營網咖、進出口電玩硬體設備，同時自己也成為電競選手，組織戰隊跑遍南美賽事。

二〇〇四年黃智仁返回台灣持續征戰，並充實整合行銷、活動企劃等能力，等待市場時機成熟，進一步實現自己投身推廣職業電競文化的夢想。

網路科技帶動直播平台興起、大型賽事席捲

▲ 元素圖騰是4GAMERS旗下專營周邊商品及電子商務的公司，以社群意向為核心，販售符合玩家們期望的周邊商品

全球，二〇一三年「4GAMERS」順勢崛起，以自行研發的賽事系統為基礎，從電競賽事的規劃執行、社群行銷到現場直播，提供完整的解決方案。

善用大數據　提解決方案

除了知名科技業者或遊戲廠商委託主辦大型賽事之外，也自行舉辦許多比賽與派對活動，從中累積大量的社群與玩家資訊，而經由電競大數據的重要資產，「4GAMERS」平台衍生出廣告代理、二手設備的電競商城等商業模式。

根據全球最大遊戲直播平台Twitch的數據顯示，台灣雖然人口少，但直播使用流量已與歐美國家並列全球前五大地區，台北更是全球使用量最高的城市。黃智仁抓緊龐大的粉絲商機，積極培訓電競玩家成為賽事主播及實況主（玩家網路直播自己玩遊戲的畫面並與觀眾互動），提升賽事解說的精采度，並發行數位電競雜誌，以時尚雜誌風格包裝遊戲名人及電競選手，拉抬社群人氣。

▲ 亞洲最大電競派對 WirForce，深度結合遊戲、電競、實況、音樂等四大領域

創造價值　抓緊粉絲商機

「電競不該只是比賽，它還是娛樂產業的一環」，黃智仁說，「4GAMERS」期望以多元的方式創造電競產業價值，讓更多有心留在此產業的人才無後顧之憂，共同帶動整個電競產業的發展。

看似屬於網路新世代的明星產業，除了賽事、直播、玩家觀眾的商機無限，關聯產業還包括遊戲硬體設備，包括電腦主機相關零組件及滑鼠、鍵盤、螢幕、耳機等周邊配件。電競產品擁有驚人毛利，延續台灣硬體研發製造的既有優勢，開發高階產品，電競的蓬勃發展也將是驅動台灣電子資訊產業再起的引擎。

不論從硬體生產製造或是遊戲軟體、社群媒體的市場考量，台灣在全球電競產業鏈上有其重要的戰略位置。「4GAMERS」獲得知名國際創投的資金挹注，將持續深化台灣主場優勢、布局國際市場，打造以台灣為中心的電競事業版圖。

台灣青年創業家用夢想與野心，形塑一個全新產業，充滿挑戰但也有無限的發揮空間，電競產業未來究竟會是什麼模樣，讓人充滿期待！

▲ 邀請多國電競選手來台較勁，讓台灣玩家親身體驗國際店競賽事的現場魅力

電競不再只是遊戲 而是泛娛樂產業

4GAMERS

「我在創業的第一天有兩個目標，第一個就是要在台灣辦LAN Party，另一個就是舉辦世界大賽。」這是執行長黃智仁決定投入電競產業時在社群平台上所寫下的一段話，當時他只是單純想做「別人沒有做過的事」，4GAMERS（就肆電競）從創業到今，從不被看好，直到現在營收破億，依然秉持著這份初衷。

二〇一四年，4GAMERS和其他新創一樣，面臨片尋不著合作夥伴的窘境，在沒有任何外部資金奧援的情況下，從策展、場地規劃、網路架設、專業賽評及網路直播，都必須靠自己的力量，一步一步刻苦的撐起第一屆WirForce國際電競嘉年華，BYOC（Bring your own computer）活動邀請一百位實況主參加封閉式派對，透過時下流行的網

▲ 喜愛電競和電玩是4GAMERS員工的共同特質，以多元的方式創造電競產業價值

路直播，號召破兩萬名粉絲與實況主在線上共襄盛舉。接下來的三年，WirForce終於前進到花博爭豔館，為電競選手和玩家衆目所矚的年度盛事，BYOC區從一百席增加到一千席，今年更擴增到一千二百席，達成歷年最大規模，WirForce儼然已成為4GAMERS的代名詞，我們完成了被所有人不看好的事，還繳出一張漂亮的成績單。

4GAMERS從Esports（電競）延展到Gaming（遊戲），提供電競賽事整合行銷服務、賽事規劃執行、製播以及社群行銷，擁有自行研發的賽事系統主辦大型賽事，培養專業主播賽評，網路紅人，推出專營電競週邊商品及電子商務的元素圖騰，以開發符合玩家期待的IP授權商品，並出版全台唯一電競數位雜誌刊物；現已著手將公司推進國際，不同國家的遊戲夥伴可透由平台在當地舉辦賽事，再讓選手至台灣參加聯賽，累積各國合作夥伴，以達到國際大賽規模，未來除了在電競領域外，計畫發展象類型的新興業務，如支付、金流等，都可能成為公司營運範疇。

去年年底已獲得阿里巴巴台灣創業者基金會注

▲ 把成功的電競商業模式複製到東南亞等地，帶領台灣電競鏈產業，打一場讓世界看見的仗

資，今年五月又再得到中華電信與中華開發資本共同投資，中華電信在這一波投資中展現扶植新創產業的決心，4GAMERS是中華電信今年第一個直接參與投資的新創公司，因為許多遊戲玩家必須透由寬頻網路連線到海外伺服器，在講求速度的比賽中，順暢和可靠的網路品質是重要關鍵，所以中華電信與4GAMERS將攜手打造完整電競生態鏈，結合中華電信高品質頻寬網路及4GAMERS研發技術，創造玩家在遊戲中的即時樂趣，共同開啓台灣電競產業新的里程碑。

4GAMERS國際化策略已經啓動，目標成為亞洲電競生態的領導者，目前已在東南亞累積許多線上比賽的經驗，熟知該地市場趨勢，在長期計畫中將東南亞訂定為海外發展的首要目標，在中華電信的網路強大資源下，成為前進東南亞電競生態圈的不可或缺的最大助力，將把台灣成功的電競商業模式複製到東南亞等地，帶領台灣電競鏈產業，打一場讓世界看見的仗。

▲ 施凱文深耕跨境電商零售領域，樂利已成為兩岸最大的台資電商服務公司

Jollywiz 樂利數位

（跨境電商）

跨境電子商務平台 開通兩岸商機

過去，創造一個品牌國際化的傳統路徑，如同台灣早期貿易商提著一卡皮箱走遍世界各地一樣，敲鑼打鼓打開了知名度，在某一個區域市場擁有一定市占率後，吸引代理商，才有機會將品牌行銷全球。

如今，數位化時代，不同國家的消費者能用無所不在的網路平台，進行跨國交易、支付、跨境物流交遞買賣商品，消費者購物習慣正在改變，企業

▲ 團隊持續以全方位的電商運營模式，創造差異化競爭優勢，拓展營運版圖

也正「錢」進跨境電商，打造真正全球品牌。

插旗上海　搶兩岸商機

十年前，施凱文擘劃自己的電商王國，從二〇〇七年的台北樂利數位科技出發，二〇〇八年帶著「拚博」的創業家精神赴中國大陸，搶進兩岸跨境電商市場版圖，插旗上海成立樂麗，七年後，成立香港樂利國際，在許多台商陸續淡出中國電商市場時逆勢成長，成為第一大服務公司，明年要挺進東南亞，搶進雅加達。

施凱文大學畢業後第一份工作在會計事務所，後來決定赴美國深造財務及資訊管理，回國後，前後擔任P&G行銷、遊戲橘子行銷工作後，一窩蜂15Fun的3C導購網站是他首個創立的網站。歷經不同領域與國際洗禮後，他的人生轉折，讓他重新認識「自己原來很有嘗試的企圖心，而走上創業之路。」

二〇〇八年至二〇一〇年期間，施凱文分別在台灣與中國大陸推出「HerBuy」、「二丫網」電商垂直網站，搶攻女性客群，之後也鎖定親子市場，採取策略是先養成社群，累積廣大會員群並掌握會員喜好，做為日後導入電子商務服務的基礎，快速地成為兩岸女性青睞的購物網站。

施凱文團隊協助好市多、寶潔、牛爾、皇冠等各大品牌挺進中國大陸市場銷售。二〇一四年被阿里巴巴評選為最會賣的商家，那一年也正式獲得遊戲橘子的挹注資金，二〇一七年也成為阿里創業者基金首家投資的台灣電商公司。「我發現自己很愛賣東西，把東西賣出去有種莫名的成就感。」這一股巨大追求成就感的動力驅使他更加自信地往前走。

瞄準跨境電商這一行，同時跨足「電子商務」和「國際貿易」領域，電子商務強調就是「快」、「秒殺問答」、「秒殺活動」，進入競爭戰場若不熟稔消費大眾與市場策略，就會像河流進入海一樣，一遇到波浪變大，少了熱忱與企圖心，便無法持續穩健地在海上行駛。

帶頭拚搏　展現執行力

「我還不到成功」施凱文沉穩的語調，透露他獨特的特質，然而，發光發熱也不是偶然，其後必藏著長期累積的紮實能力。

企業最忌創辦人有點子卻沒有執行能力，施凱文堅持名片上頭銜掛「執行長」，他說「不是這個頭銜比較好聽，而是身為領導者的我必需要帶頭做事。創業者沒有執行力肯定無法生存。」就連鼓勵員工運動，他也帶頭一起動。

「台資企業要跟中國大陸本地企業競爭，不能比他們快一秒，必定死在沙灘上。」施凱文不缺席參與決策每一個秒殺活動，親力親為的領導風格是經營上重要的關鍵，他讓自己與幹部培養掌握細節的能力。「數位與電商領域沒有專家，掌握細節就能掌握模式；沒掌握細節就無法分享給成員，更無法充分授權成員。」這是施凱文的經營之道。

在言語間，可以感受到他嚴格執行力與接受團隊犯錯的領導氣息。他創業被磨練出來的寶貴經驗：「錯誤是一種體驗，一種成長。這樣的成長

▲ 協助好市多、寶潔、牛爾、聯華食品等各大品牌挺進中國大陸市場銷售，獲頒金峰獎傑出創業楷模

反而讓他感到特別幸福。」每每他在情緒跌到谷底時，這些體驗就好像是一碗精力湯，讓他打起精神。施凱文展示年輕一代能掌握當下數位科技潮流，引領台灣跳脫過去線下通路傳統貿易商的思維力之外，顛覆過去老台商以資本技術密集、利用當地廉價勞工的生產製造模式，開創新世代輕資本、貿易服務的跨國企業模式，更能成為台灣傳統中小企業學習模式，重新從電商化找到商業契機。

▲ 是第一家且唯一連續數屆獲頒天貓金牌及五星服務商的台資企業（雙十一誓師動員大會）

品牌跨境電商的最佳夥伴

樂利數位科技

樂利數位科技於二〇〇七年在台北成立，二〇〇八年成立上海樂麗，並於二〇一五年成立香港樂利國際，目前為台灣最具影響力的跨境電商服務平台。樂利數位科技以電子商務全鏈路服務為核心，透過自有電商平台、第三方電商平台，協助品牌建立銷售通路、創造業績。樂利全方位的電子商務服務包括：

一、**電商運營**：為品牌商提供「端到端」供應鏈整合的協力廠商服務者，所提供運營服務包括從品牌策劃、新零售整合行銷、視覺設計、客戶服務和倉儲服務等專業環節之電子商務運營服務。

二、**經銷代理**：提供 B2B 供銷直採以及供應鏈整合服務，利用多元的批發與零售管道立足台北、上海、香港三地，涵蓋全渠道、無國界的供銷網絡。

三、系統平台：擁有電商管理系統優勢並取得 ISV（Independent Software Vendors），淘寶軟體開發商資格，以自建系統導入自動化運營，保有擴充彈性，同時握有電商數據價值提昇競爭力，有效降低經營成本；加上具有豐富經驗的兩岸團隊，隨時了解渠道活動效果，優化數據分析，實現多元化營銷模型，進而為企業提供商業決策。

四、客戶服務：以品牌電商角度出發，滿足客戶線上電話諮詢、售後服務與客訴處理，更融入消費者與品牌互動的過程，完整蒐集客戶意見，進行多維度分析以利提供更優質的服務。

五、倉儲物流：一站式、系統化、全通路的倉儲物流解決方案，解決所有物流痛點，從入倉、倉儲、撿貨包裝、配送、到退貨管理，優選快遞組合：基於資料分析，系統可篩單，匹配最佳配送承運商。不僅可為客戶提供服務最好、成本最優的快遞及物流服務，並且可提供售後服務，以最快的速度處理問題件，省去與快遞、物流承運商間的溝通成本。

在中國已建立完整電商銷售平台，包含自有電商平台和淘寶、天貓、京東、唯品會、亞馬遜等中國各大電商銷售渠道，目前成功運營國內外數十個知名品牌，包含寶潔、Costco 好市多、妮維雅、牛爾 Naruko、Kamill、施華蔻、聯華食品、微熱山丘等合作夥伴，並成為首家獲得天貓金牌運營商榮耀的台資企業！

全球跨境電商未來將有爆炸性的成長，在行動商務的快速推進之下，如何善用互聯網與大數據掌握消費者需求，將會成為未來電商發展的致勝關鍵。樂利目前在台北和上海均擁有專業的運營團隊，提供兩岸電商服務，並逐步在東北亞和東南亞各國提供跨境電商服務；同時也透過自行開發的電商管理系統，建立以數據系統為核心的服務體系，串聯各國跨境電商平台。

期許成為華人最具影響力和國際化的電子商務服務商，我們將持續以全方位的電商運營模式，創造差異化競爭優勢，積極擴大營運觸角，爭取更多國際知名品牌的合作機會，拓展全球電商的營運版圖。

▲「訂位就要找EZTABLE」陳翰林重新定位網路時代的新生活模式

EZTABLE 簡單桌

（線上服務）

互聯網線上服務 亞洲最大餐廳訂位系統

「明天要前往泰國旅行，我連餐廳都在EZTABLE都訂好位了。」簡單桌EZTABLE在台灣掀起線上餐廳訂位風潮，重新定位網路時代的新生活模式。二〇〇八年，七年級生陳翰林創辦台灣首家餐廳訂位網站，「訂位就要找EZTABLE」逐漸在消費者心中建立品牌的地位，靠著核心服務二十四小時「訂位」、「團購」、「餐券」打出知名度，深獲餐廳業者的肯定，也擄獲消費者的心，至今累積三百萬會員人數。

▲ 台北餐廳週活動，台灣及外籍主廚聯手，共創屬於台灣的餐飲美好時代

訂餐亮點大咖投資

有趣的是，訂位的習慣在演唱會與飯店訂房行之有年，陳翰林使用過國外的OpenTable，印象深刻，拷貝來台灣。期間也嘗試許多策略、不斷修正機制，才創造出EZTABLE的價值最大化。不只要讓消費者Enjoy Reservation，更要讓消費者Enjoy Life，從節慶聚餐、好友生日餐與商務聚餐，結合社交生活，詮釋一種新生活型態，EZTABLE躋身為亞洲區最亮眼的訂餐網案例。

詭譎多變的市場環境，EZTABLE在社交媒體新競場中立足，「以變應變」、「犯錯學習」是脫穎而出的關鍵因素。至今，獲得破壞式創新大師克里斯汀生Clayton Christensen、AppWorks、聯發科、聯電與日本訂房訂餐網站一休（Ikyu）等投資。

說起話來渾身是勁的陳翰林，言行之間散發「狼性」、「膽識」與「企圖心」的領導人特質。「天生就是個生意囝仔。」從小看著父母經營汽車零件

▲ 特別將源自紐約、風靡全球各大美食之都的餐廳週活動帶進台灣

銷售生意，暑假拿著計算機幫忙算帳，對於做生意早已耳濡目染，深植於心。

重視體驗　打造品牌

高中畢業一放榜，陳翰林就吆喝三年二十三班的畢業同學長大一起創業，後來赴美攻讀學士也不時與身邊友人講述創業經。畢業後在美國工作三年，創業夢想的聲音從未停過，回台找上當年同班同學創辦三三網路科技公司。陳翰林用成績說明他是一個行動派的創業家。

陳翰林帶領 EZTABLE 跳脫傳統框架與舊思維。首先，過去台灣以硬體代工起家，強調的是「硬體規格」；EZTABLE 反之以消費者為思維，以更靈活方式面對廣大消費市場，以「用戶體驗」、「解決問題」為核心價值，打造品牌之路。

再者，台灣屬小島型國家，勢必靠出口行業創造內需，隨著台灣 IT 半導體產業面臨激烈的國際競爭，陳翰林早體認網路服務業是未來的市場機會。「台灣的網路產業要以服務模式走出國際。」陳翰林積極布局東南亞，聯手日韓打國際策略，結合當地高階人才，提供當地消費服務；有別於過去海外台商的代工模式，以低階為勞動力，製造產出回到中國大陸與美國的供應鏈。

勇於冒險使他像早期台商一樣拎著一卡皮箱勇闖東南亞，親自考察商城並接觸當地業者，EZTABLE在東南亞市場開闢疆土當前鋒，有助於更多台灣商家落地東南亞，創造新經濟產值，也讓台灣在國際舞台能見度更高。

擴大規模　戰力十足

談到成功的關鍵，陳翰林謙虛地認為自己能承認錯誤，是會在犯錯中改進的人，他期許的EZTABLE不是只能生存、不會倒閉的公司，而是繼續「擴張與規模化」，不要只成為一個中小型企業。

每周固定一對一與股東聚會用餐，股東一飛到鄰近國家，陳翰林再忙也會買張機票飛去短暫停留喝杯咖啡，這不是簡單的相聚而已，關係經營就像對待生活中的朋友一般，用真心「交陪」（台語）並相互幫助。管理這堂課，陳翰林持續在學習，股東對EZTABLE不只是金援，更是企業導師（Mentor），前輩的經驗是管理書不能給的，從用人、解雇、甚至交友近況開誠布公，「No surprise」不要製造意外驚喜，是他經營股東關係之道。

EZTABLE新創事業的戰鬥力將會持續挺進，喚醒更多人直奔向前勇敢冒險，重要的是背後的精神，能感動消費者以實際行動相挺。

▲ 餐廳週活動結合頂級餐廳與特色餐酒館，打造經典菜單，讓更多的人體驗精緻餐飲精髓

新苗創造的火光

創業的第二階段學習：Empowering Others

EZTABLE創辦人　陳翰林

二十五歲就創立EZTABLE的我，很早就受到台灣各大媒體的注目，並來自國內外創投的青睞，甚至作為唯一的台灣團隊在日本東京獲得日本評審的青睞得到創業冠軍，並因而拿到日本頂級企業和美國香港基金的投資。年輕得志的我，不可一世，認為自己什麼都最懂最厲害，不管是外在關係人到內部同事建議我的話多半我都聽不進去，心裡認為「你們懂什麼？懂的話去創一家公司來看看呀，我很辛苦你知道嗎？」事實證明，十年過去後，這樣的心態果然也就只能創造一家或許可以活下來的公司，但卻無法使公司成就更大，創造更大的影響力。現在我人生體會到創業者在草創活下來後的第二階段，定義好了解企業要走的方向後，接下來應該專注找到一群對的人放在對的位置，授予並支持

這個團隊成功（從溝通願景到執行目標價值），然後儘量退開。這一切也就是我標題「Empowering Others」其中一個重要含義。從二十五歲被稱為年輕創業家，到現在三十六歲邁向大叔的我，更發現「Empowering Others」是我經營人生下個階段的哲學。

Empower customers

創業者通常之所以會創業都是因為有一個自己很熱愛的產品點子，熱愛到決定跳下去把它做出來。若此產品獲得初步的成功，本身很容易陷入自己永遠是這個產品的老闆，而忘了其實購買產品的顧客才是真正的老闆。Empowering customers 指的是要讓使用過產品的顧客更愛使用，甚至介紹他的朋友們來使用。

Empowering colleagues

如我前面所說，真正能讓企業不斷茁壯和自然成長的人不是創業者本身，而是創業者所打造並授予的團隊。從上到下，若能支持每個同事去創造企業目標價值，以致達到企業願景，這比起創業初期凡事得靠自己，是一個完全不同的藝術，卻是打造不斷成長的不二法門。

Empowering society

顧客、同事、到企業本身，都是這個社會的一份子。社會不好，沒有人會好。創業者若有幸度過了艱難的草創期，應該花時間去試著做些什麼讓社會更好，生態圈更完善，把餅做大，這樣才能使得社會中的每一份子都有機會得到養分，創造更永續的價值，而這樣做自己本身企業一定也會是受益者。

Empowering others. Make bigger influences.

iStaging™

愛實境 iStaging（AR/VR 虛擬實境）

▲ 李鐘彬將開發的AR/VR技術應用房地產領域，從居家設計切入建立一套更好的服務模式

雙R應用 開創傳產新商機

科技的進步，讓電腦模擬追蹤技術不斷地演進與融合，形成新一波的產業革命。想像當AR/VR（擴增實境／虛擬實境）運用到每個人的生活之中，未來可能是一個沒有螢幕的時代，所需要的媒介僅僅只是一副眼鏡。

各行各業都有突破現有時空做

▲ AR/VR的未來市場需求只會更大，團隊向世界級的平台邁進

深度溝通的需求，「iStaging愛實境」創辦人李鐘彬看到AR/VR背後衍生的商機無限，鎖定不動產、家具設計、電商與旅遊等四大傳統行業，發展出跨領域的策略聯盟，一起打AR/VR世界盃。

畢業於中興大學、軟體工程師出身的李鐘彬，二十三歲便已開啟人生創業之路，所創辦的匯豐電訊於NASDAQ上市後，他也在美國攻讀MBA碩士學位。「事實上，我去念MBA才知道自己過去做了多少的錯誤，有經驗後，感覺念MBA特別有用。」人生路上的每一次歷練，有成功的喜悅，當然也有挫敗與磨練，這每一塊的墊腳石，對李鐘彬而言反而是一筆財富。

二〇一〇年，李鐘彬在房地產領域找到人生新的出口，但他不是賣房子，也不是蓋房子，而是將開

發的AR/VR技術應用在建商、房屋仲介、室內設計師及家具商，從居家設計切入，協助建立一套更好的服務模式。

簡單來說，iStaging是透過穿越實境技術，從2D影像跨進3D立體實境，用數位VR模擬房型與外觀環境，實體屋蓋好後再拍攝AR景象，創造虛實空間的導覽體驗。

AR/VR技術將顛覆房產與修繕裝潢等產業。即使人在千里之外，也可以透過虛擬實境看房，無論是新房、二手房或租房，都可以第一時間「親臨現場」，除了可以看到房子格局及裝修的效果，還可以根據個人喜好，模擬裝修風格及家具試擺，大幅降低裝潢時的決策成本。

在創業過程中，李鐘彬遇上當時在工研院雲端中心工作、擁有台大電機博士學位的張騰文和交大電機的陳思瑋，兩位也加入團隊成為重要夥伴。iStaging擁有圖學演算分析、GPU運算能力、穩定頻寬與雲端相關技術，相當具有競爭力。

如今，iStaging不只是提供AR/VR技術，同時也建構了一個建商、房仲介、室內設計師及家具

▲ 透過穿越實境技術，從2D影像跨進3D立體實境，創造虛實空間的導覽體驗

商生態圈的服務平台，目標是打造一個AR/VR級的「Youtube內容平台」，只要使用iStaging的設備，就可用智慧型手機拍攝出AR的景象，上傳到內容平台上，秒拍秒傳。

iStaging所研發的技術，讓消費者可以在平台上看到全世界設計師的作品，還可以搶標方式媒合到設計師，持續為內容平台創造流量，而內容平台的下一步就要發展成共享平台，這是AR/VR技術輔助後可掀起的巨大商機。

布局全球並進軍中東、美國與中國大陸等海外市場，今年每一季營收都以三倍成長速度擴大，預計明年更有五倍的成長動能。「AR/VR的未來市場需求只會更大。」李鍾彬瞄準商機，帶領團隊向世界級的平台邁進。

搭著AR/VR風潮，結合台灣資通訊實力、技術、人才、速度與成本的優勢，iStaging是擁有高科技技術含量的新創公司，發展策略從軟體技術走向全球服務及共享經濟，未來前景備受矚目，獲得阿里巴巴創業者基金挹注資金投資，可說是台灣新創公司中最閃耀的一顆星。

▲ 創新研發多項關鍵技術的跨國專利，得到客戶極高口碑與多項國際大獎的肯定

AR/VR是全球產業下一個黃金商機，目前台灣已有許多硬體大廠積極投入研發，也有如iStaging主導軟體、內容平台的新秀團隊紛紛竄起，期待台灣硬體老將、軟體新秀聯手，讓台灣科技研發的實力與能量，能再次站上世界的舞台，發光發熱！

▲ 七年級工程師組成的核心團隊，透過創新商業模式及領先技術，串連起房地產相關產業鏈

新苗創造的火光

創新未來的穿戴式螢幕AR/VR翻轉既有產業

iStaging

在iStaging我們的信仰就是大膽的預測「AR/VR就是未來的穿戴式螢幕」，智慧型手機現在的普及度已經非常高了，且預估在二〇二〇年會開始負成長，取而代之的新介面新媒體將會是什麼？想像過去從電視到電腦、電腦又到手機，人們對資訊的使用習慣每一次都做了巨大的改變，未來又再從手機到AR（擴增實境）、VR（虛擬實境）那樣的穿戴式螢幕，你應該不會用手指在眼鏡上滑，更不會隨身帶著鍵盤，所有的操控方式可能會改成透過語音、手勢或是其他創新而且更符合人性的發明，因此會有多少原來手機平台上的領先者會在彎道會被甩出去？多少新的科技巨星會因此誕生？

如果AR/VR是不會逆轉的未來趨勢，但對所有人來說又是全新的領域，全球的競爭者都只能不斷地嘗試並且大膽預測什麼樣的創新能夠引領風騷？台灣高質量的工程技術跟中等成本的人力，與歐美相較起來，一樣的資金我們可以聘用更多人才進行做更多的嘗試，成功率當然可以因此而大幅提升，況且單純硬體跟單純軟體在AR/VR的領域都無法創造消費者的最佳體驗，不但必須軟硬體結合在一起，更應該合作打造一個生態系才能快速佔領市場。目前全球絕大部分的移動硬體都在台灣、大陸、日本、韓國生產製造，所以我們認為在台灣發展AR/VR是具有天時地利人和的巨大優勢！

平均年齡不到二十九歲的「iStaging愛實境／數位宅妝」是一家領先全球AR/VR內容平台公司，由七年級的年輕工程師組成的核心團隊，透過創新商業模式及領先技術，串連起房地產相關產業鏈，讓業者和消費者對「家」的想像更具體。iStaging先後獲得國發基金、大亞創投、美商中經合集團、阿里巴巴台灣創業者基金、AIL等國際知名機構投資；我們以台灣為研發總部，於美國矽谷、歐洲及中國、香港都設有分公司，擁有專業領域的頂尖國際人才，並憑藉不斷創新研發多項關鍵技術的跨國專利，以及在垂直產業的商業應用領域上得到業界領導品牌客戶的極高口碑與多項的國際大獎。iStaging目前是Google、Intel、ARM、Microsoft、ASUS等全球策略夥伴指定的AR/VR內容平台，並且建立了超過二十多國的AR/VR生態圈。

iStaging團隊一路靠著參加創業競賽，打開國際知名度，把AR/VR結合空間及跨裝置的呈現，克服技術面困難及適應市場和商業模式上快速變化，將虛擬運算技術，簡化到讓銷售人員或設計師可以輕鬆提升客戶體驗及績效；轉型為AR/VR內容平台後的商業模式是B2B2C，服務特色是「兩立三十：立刻生成、立即分享、十分之一的成本、十分之一的時間、十倍的客戶」，我們的團隊讓「創新技術」在「商業模式」中發揮極致。

iStaging目前已提供AR/VR垂直產業的應用服務包含MR導購／導覽、場景MR規劃、MR Business Intelligence商業智能服務；已深入的商用領域包括了房產、設計、電商新零售、文化觀光旅遊、汽車、教育等垂直產業。目前業務範圍涵蓋美國、法國、德國、中國、日本、東南亞、中東、墨西哥……等地區超過二十多個國家；知名的國際大客戶包含了 Tiffany、AECOM、永慶房產、阿里巴巴、中國電信、賓士汽車等等。

得獎經歷：

- 二〇一七年 Top 10 "coolest tech startups" in Taiwan
- 二〇一五年 Intel APEC 全球科技創業挑戰賽首獎（十萬美金）
- 二〇一五年 APICTA 亞太資通訊平台競賽金獎
- 二〇一五年 中國電商奧斯卡——艾奇獎創新服務金獎
- 二〇一五年 法國電信 Orange Fab 全球 Accelerators
- 二〇一四年 ICT Best Choice Award

▲ 游直翰希望 Appier 能成為一個典範，讓台灣成為亞太地區人工智慧基地

Appier

（AI人工智慧）

Appier 沛星互動科技

打造人工智慧商業決策平台 引領全球AI革命

AI人工智慧風潮來襲，是繼九〇年代第一波Internet網際網路、第二波Go for Mobile移動互聯網後，儼然成型的第三波數位革命。隨著AI研發飛速進展，這個將對全球產生翻天覆地影響的技術，已經滲透至各行各業、走入每個人的生活之中。

游直翰頂著美國史丹佛大學人工智慧實驗室碩士學位及哈佛大學電腦科學博士學位，專攻AI領域，二〇一二年創辦Appier沛星互動科技，團隊包

▲ 用人工智慧串連起消費者的跨螢足跡，將資料變成有價值的商業布局策略

括人工智慧專家及運算系統、人機介面等軟硬體研發人才，藉由開發人工智慧應用平台，協助企業解決各種商業問題與挑戰。

身處多元媒體時代，每個人幾乎同時擁有手機、平板、電腦，如何串連起消費者的跨螢足跡成為行銷人員最棘手的挑戰，然而這樣的跨螢行為，背後則隱藏著無限商機。

「現在大家對媒體的注意力明顯分散，品牌要有效評估行銷績效，必須了解消費者跨螢路徑中的行為與動機。」

Appier首先推出數位行銷解決方案，協助品牌業者鎖定目標群眾，以AI技術分析使用者的特徵與輪廓，精準觸及消費者，並透過跨螢演算比對，進一步判斷使用受眾的所有裝置與載具等，讓廣告主不用再追著裝置跑，而能與潛在消費客群進行多元溝通，提升對品牌的好感度與轉換率。

網路科技讓人們生活中產生的數據資料呈現幾何級數的增長，排山倒海而來的數據資料，將徹底改變市場的遊戲規則，也會顛覆企業的競爭型態。

「現今的企業，常常需要整合來自線上、線下

▲ 獲得超過8,200萬美元資金挹注，是國內這個世代募資金額最多、估值最高的新創公司

的複雜資料，並快速做出正確的商業決策，但這不是件容易的事，必須善用人工智慧，把異質資料變成有價值的商業布局策略。」

Appier進一步推出結合了「AI」與「Action」的「Aixon人工智慧商業決策平台」，藉著獨有的深度學習與機器學習演算法，將數據資料轉化成經營管理的洞察力與行動力，協助企業整合、分析龐大複雜的資料，並找出其背後隱藏的決策關鍵，加速企業商業與營運決策速度。

游直翰相信未來所有企業需要做決策、需要用data，就會有AI可以發揮之處。

從提供企業跨螢連結的行銷工具、到成為管銷經營的決策輔助，Appier掌握關鍵技術，目標鎖定商業領域的垂直應用市場，獲得多家國際知名創投青睞，在種子與A、B、C輪募資後，共獲得超過八千二百萬美元資金挹注，是國內這個世代募資金額最多、估值最高的新創公司，同時也被美國財經雜誌《Fortune財星雜誌》評選為「引領全球AI革命的五十家企業」之一。

市場版圖包括全球一千多個品牌與代理商，

▲ 寬敞、明亮的辦公室，處處展現立基台灣、著眼全球的野心

並在東北亞、東南亞與澳洲等十四個城市插旗設據點。

身為台灣AI產業領頭羊，游直翰永遠保持初始創業熱誠，也勉勵台灣的年輕創業者在創建公司之初就要立足台灣、胸懷國際的野心；過程中遭遇困難與壓力，除了不斷鞭策自己學習成長、鍛鍊心智，若能得到外部業師指導與經驗傳承，也是一大助力；最重要的是一定要專注於自己所長。

當國內各界仍在爭執台灣是否具有AI競爭力、及該如何切入此一領域時，Appier證明了AI不同於其他產業，它是一種創意與科學的結合，著重的是挖掘使用者需求與開拓產品願景。

長期以來，台灣培育了許多優秀的創意及數學運算人才，是具有AI科技發展的潛能與實力，只要找到創新的商業模式與利基點，就可以在競爭激烈的國際舞台上大展身手！

從學界走向業界
用AI解決企業複雜難題

Appier執行長暨共同創辦人　游直翰

我在台灣出生、長大，台大畢業後，到美國求學，分別在史丹佛人工智慧實驗室與哈佛大學，取得電腦科學碩士與博士學位。按照人生藍圖，接著我會告訴你，我在美國找到教職工作，延續我十五年的學術生涯，繼續在學界探索人工智慧的各種可能性。

不過，一個念頭與機緣，讓我的人生從此轉了彎，在看似安穩與平順的旅途上，我卻走向另一條當時沒人看好的岔路，在人生道路上急轉彎，從人工智慧研究員搖身一變成為一名創業家。

寫在創業之前——我的AI之路

我對人工智慧的啓蒙是在我大三那年接觸到當時尚未普及的圖形識別（Pattern Recognition）相關技術。不過在那之前，我並不是一名大家眼中的資優生——我進入台大資工系後，成績常常墊底。大概很難想像，在進入台大前，我對電腦完全不熟悉，還記得到台大報到的第一天，要註冊新生帳號，我卻連鍵盤上的「B」在哪裡都找不到。

在大學發現自己對人工智慧的興趣後，我開始接觸許多中外相關研究文獻，並主動找系上研究相關領域的教授擔任助理，也因此迅速累積的豐厚知識與實際研究成果，在畢業後受到全球頂尖學府史丹佛大學的青睞，開啓赴美研究之路。

有句話說「你必須很努力，才能看起來毫不費力」。剛到美國的我，沒有顯赫的背景，英文也不甚流利，在進入史丹佛後所面對的第一個挑戰是，找不到指導教授。當時AI還沒有像現在一樣熱門，我記得我每天必須帶著厚重的資料，一一去拜訪每位有研究AI的教授，希望能跟他們一起進行研究，雖然吃了不少閉門羹，但也因此開啓了我和史丹佛大學人工智慧實驗室創始人、《時代》雜誌百大人物之一的全球人工智慧領域頂尖學者吳恩達（Andrew Ng）的師生緣分。

你可以想像，當時就是一個二十多歲的新進教授，帶著一個也是二十出頭的碩士研究生，兩人就這樣開始了做起AI研究。當時我參與了美國無人駕駛自動車競賽（DARPA Grand Challenge），也與「Google無人車之父」Sebastian Thrun合作無人車研究計畫。進入哈佛後，我的指導教授是人工智慧權威Radhika Nagpal，除了自駕車外，在美國期間，我也參與了多項前瞻性的AI研究專案，如開發機器狗、變形機器人、機器橋，以及研發具自我調適功能的機器人，幫助小兒麻痺症病患行走；我撰寫了數十篇與人工智慧、機器人和機器學習領域相關的研究文章，並獲得兩項美國專利，博士論文更被提名為當年度Multi-agent AI領域中的最佳論文。

創業之初——從實驗室走向市場前線

談到從學術界轉到創業的契機，就必須提到當時我在哈佛的室友蘇家永——也是後來Appier的技術長——他的專長在建構大型系統，而我的專長則是AI，我們想著，這兩件事情若結合在一起，似乎能在商業領域創造不小的影響力。而那一年也剛好是行動與新興社群媒體起飛的一年，《開心農場》、《開心水族箱》、《Restaurant City》等社群遊戲吸引到我們的目光，也給了我們靈感，打造出Appier第一個產品——我們把人工智慧應用在遊戲上，讓電腦模擬玩家的玩法，就算玩家下線，機器依然可以模擬玩家的操作模式，在線上練功。接下來我們繼續環繞著AI，快速開發了不同的產品，不過很快就發現，往往我們認為很酷的產品，消費者不見得感受的到AI的存在，更不用說願意花錢買單了！我們體認到，除了擁有人工智慧這個武器，還必須認真去聆聽廣大用戶的回饋，找到核心競爭能力與市場關鍵破口，才能迅速擴大影響力。

快錯快戰——創業路上不只加速前進，更要適時轉彎

王文華說過，要獲得成功最快的方法，有時不是「加速」，而是懂得「轉彎」。人生的道路要轉彎，在商場上也一樣，我們經過八次失敗與

快速轉型，終於看到了AI運用在數位行銷的龐大商機。我們發現，一九九五年網路興起與二〇〇五年行動世代與之後的多螢世代來臨，伴隨著的是大量資料的產生，對於企業而言，這些資料來自使用者不同的裝置、並且分散在企業各部門，讓企業很難精準觸及目標客群。也因此我們透過AI演算法，結合多年在亞洲累積的跨螢資料庫，開發能夠滿足企業不同需求的工具，包括CrossX程式化購買平台與Aixon人工智慧商業決策平台，讓企業不論是在廣告投放、精準行銷、顧客關係管理等領域都能透過我們所開發的AI平台進而做出更聰明的決策。

認清核心技術、放大眼界與格局、然後，找到對的夥伴

二〇一四年，當我帶著產品到新加坡開設辦公室時，恰巧在電梯中巧遇了Google和蘋果的早期投資人：紅杉資本，經過多次的詳談，我們證明了台灣軟體公司也一樣有站上世界的實力，也因此讓Appier成為紅杉資本在台灣所投資的第一個新創團隊。接著我們也陸續獲得來自淡馬錫、日本軟銀、LINE、聯發科、大華創業投資管理（UOBVenture Management Pte Ltd）、集富亞洲（JAFCO Asia）、TransLink Capital、聯發科技創業投資（MediaTek Ventures）、美商中經合集團（WI Harper Group）、FirstFloor Capital、Qualgro、新加坡經濟發展局投資私人有限公司（EDBI）與尚乘集團（AMTD Group）的資金，在種子與A、B、C輪募資後，我們已經共獲得超過八千二百萬美元資金挹注。

給人才一個留在台灣的理由

當時，從美國回到台灣創業，除了情感上，在美國已待了十多年，很希望能回到這片孕育自己成長的土地，更多的驅使因素是我看到了台灣與亞洲人才的實力。過去，許多AI人才若想要找到可以大放異彩的舞台，必須往外走，但我希望自此之後，Appier以及更多的軟體公司也可以人才留在台灣的理由之一，而長遠目標則是希望Appier能成為一個典範，讓台灣能成為亞太地區人工智慧基地。

也因此，我們從台灣出發，目前全亞洲員工已

▲ 技術團隊專長涵蓋人工智慧、資料分析與分散式系統等領域

超過三百人，不論國籍，我希望每位員工在工作上都能有強大的單一信念（Making AI Easy），而「開放、直接、野心」則是我希望所有員工都能具體力行的企業文化。除了台北，目前我們在新加坡、東京、吉隆坡、胡志明市、馬尼拉、香港、孟買、新德里、雅加達、首爾、雪梨、曼谷和大阪等十四個城市都設有營運據點，為超過一千家知名品牌與代理商提供服務。

創業過程不是一道科學題目，更是一門藝術

一直以來，我們不想只是解十個人就可以解的一個問題，相反地，我們不斷在挑戰困難的題目，我想做的是，組織一個超強團隊，解百萬人、甚至千萬人會遇到的問題。創業很艱難，我們不只要有實力能飛得高，更要有毅力與強大的心志能走得遠。這是我的目標與野心，也是我一路從學界走向業界、從在波士頓郊區創業的四人團隊到現在的百人跨國團隊、從各種產品轉型與客戶回饋當中，所得到最珍貴的成長淬鍊。

▲ Sean Moss-Pultz 畢業後即選擇在台灣工作並創辦 Bitmark，發展數位資產註冊系統

BITMARK

Bitmark

（區塊鏈）

區塊鏈新創落地台灣 翻轉傳統資產市場

網際網路無國界的時代，實現各式行動裝置與萬物互聯的可能，突破了人們面對面往來的限制，並且帶來各種資訊流通的便利，而擁有紮實資通訊基礎的台灣提供許多發展軟硬體整合與應用的優勢，因此吸引許多國際間的新創公司選擇落地台灣耕耘新科技發展，Bitmark 就是一個典型的案例公司。

對 Bitmark 創辦人暨執行長 Sean Moss-Pultz 而

▲ 區塊鏈是保存數位資產的轉機，去中心化的管理架構和不可竄改的特性，讓區塊鏈技術成為時下最熱門的議題

言，台灣集結優渥資訊科技產業發展環境，成本管控佳及優質專業人才的條件，認定台灣是一個值得深耕的市場，因此大學畢業之後即選擇在台灣工作，之後並創辦了Bitmark，發展專為數位資產註冊的系統。

所謂數位資產包括各式個人醫療、財務、工作相關（可能是影像、音樂或文字）資料或數據等，皆可稱之為數位資產。不僅對於如Facebook、Google等二十一世紀科技巨頭企業，對個人也相對重要。如此更可看出數據資料的重要性及價值。而數位資產的所有權該如何繼承或轉讓給其他人更是我們應積極思考的問題。

Sean創辦Bitmark起因是往返遇到亂流時，讓他思考起自己擁有的各種數位資料，沒有CD的音樂、電子書籍，家人和朋友的照片等，若不幸發生意外，該如何將這些資產讓下一代繼承？而他的思考恰恰點出了科技優先時代對數位資產的挑戰。

區塊鏈的出現是保存數位資產的轉機。去中心化的管理架構和不可竄改的特性，讓區塊鏈技術成為時下最熱門討論的金融科技議題。如前述，在科

▲ 以台灣作為進軍中國市場以及東南亞的立基點，以及在亞洲市場的商業開發中心（台北辦公室）

技優先的時代裡，許多個人擁有的資產已可定位為數位資產。尤因在現實世界中，各項資產都可透過權狀表示所有權，如土地權狀與建物權狀，但在網路世界裡，個人所留下的數位資產，卻沒有有效的方式登記所有權人，而這也是Sean創辦Bitmark最重要的目的。

比特幣的問市打開虛擬貨幣之門，而其底層技術的區塊鏈也成為於全球市場高度討論焦點，區塊鏈的應用也在一夕之間躍升成為許多產業關注的中心。而台灣金融機構因為法規限制與對兩者的陌生，在初期仍保守的觀望，但Bitmark仍成功取得中國信託的信賴與合作機會。

Sean分享他的經驗，許多金融業者在初期都會認為區塊鏈就是比特幣，且因為不清楚區塊鏈衝擊金融業的程度，讓業者多少都有些卻步，因此他花了二—三個月的時間說明並展示區塊鏈技術及應用，成功讓銀行方面了解區塊鏈是一個全新的Datebase技術，不只可以存貨幣，也可以儲存數位資產，更重要的是因為區塊鏈技術共同擁有不可修改的特性，可以安全地儲存。尤其銀行系統是駭客

▲ 一群人對於解決數位資產所有權的問題，有很大的熱情以及獨立思考的能力——Bitmark文化

經常的目標之一，無論在那裡，也存在不穩定的狀況，以及證明所有權的挑戰，而區塊鏈技術及解決方案正是可以協助相關單位化解難題的關鍵。

除了衆所周知的金融相關應用之外，音樂產業也是區塊鏈可以發揮的領域。尤其音樂的著作權很分散，作詞作曲和演出者，以至於所屬公司等複雜的關係，因此在進行授權使用時也常有紛爭。Bitmark跟KK Farm合作，提供從追蹤數位簽名到付款流程的相關解決方案，為客戶省下許多成本與時間。而區塊鏈的技術也可應用於健康醫療的數據收集，協助研究單位、醫療機構以及患者更為便利的服務。

Bitmark目前雖是種子輪的新創公司，但已獲得包括Cherubic Ventures（心元資本）、WI Harper Group（美商中經合集團）與Digital Currency Group（數字貨幣集團）等知名創投注資，同時也已開啓與中國信託、KK Farm，加州柏克萊大學（University of California, Berkeley）的合作，可說已在國內外取得相當的信任基礎與市場。

由於Sean的動心起念，在台灣投入區塊鏈技

▲ 台灣硬體優勢及優秀的軟體人才，加上區域市場的特性，是孕育區塊鏈最佳市場

術及解決方案的商業開發，讓台灣新創圈在區塊鏈這項新科技的發展增加值得書寫的一頁，無論是外籍人士因為台灣卓越的IT環境落地台灣創業，亦或是投入／引進新科技的發展皆同。而Bitmark專注於區塊鏈技術與應用的成果，研發解決方案、引進新觀念與教育市場等，我們有目共睹，對Sean而言，目前優先發展公司，先獲利才能更進一步的對社會做出更大的貢獻，期待Bitmark未來的發展，以及為台灣區塊鏈市場帶來更多正面的影響。

▲ 團隊成員分布在越南、美國以及台灣，非常喜歡不同文化帶來的多元性

新苗創造的火光

投身區塊鏈應用
協助數位資產意識抬頭

Bitmark

二〇一二年，Sean Moss-Pultz 搭機遭遇亂流之際，思考如何留存數位資產的方法，驅使他創立了 Bitmark。自古以來，土地、房子皆有白紙黑字，加上古代關防（封蠟、簽名）等方式做為其所有權人擁有該資產的證明。然時至科技發達的二十一世紀，除傳統定義動產與不動產資產外，更有許多包括金錢，以及音樂、文字、各式圖像等相關的創作，定義為創作者的（數位）資產。而這些「資產」因為沒有可信任的註冊登記系統，盜用、遺失、竄改事件層出不窮。擁有軟體背景的 Sean 便因此想利用自身的專業建立可註冊數位資產的系統。

而比特幣（Bitcoin）的出現正為保存數位資產帶來機會，運用在比特幣底層的技術擁有可註冊數位資產的特性：一、每個人（共同擁有者）都能寫；二、每個寫入的區塊都有共同擁有者的簽署認證，以及三、不可竄（修）改。這三個特性正符合保存數位資產的需求。這項技術正是後來熟為人知的「區塊鏈（Blockchain）」，因為是一個區塊一個區塊結合而成得名。而去中心化的共同管理方式及信任機制，更是成就區塊鏈為保存數位資產絕佳的解決方案。在 IP 不被重視的亞洲，不僅是建立區塊鏈相關垂直產業的最好市場，去中心化的架構與模式，更是適合台灣發展區塊鏈的最佳選擇，可以藉此提供中立市場的印象。

在 Bitmark，我們致力開發專為數位資產環境設計的資產註冊系統，不只是保障智慧財產權（Intellectual Property, a.k.a. IP），更依所需產業的特性調整，提供所需的技術、解決方案及平台，是可在全球通用、可協助減緩欺詐和貪污風險同時節省成本。目前已運用在 KK Farm（音樂產業），協助音樂創作人（作詞作曲者，演唱者等）管理其智慧財產及創作，同時管理使用的音樂創作使用的相關費用。另一方面，也與糖尿病管理公司智抗糖（Health2Sync）合作，收集管理糖尿病病人的資料／數據。同時也與加州柏克萊大學（University of California, Berkeley; UC Berkeley）公共衛生學系合作研究收集數據，以及追蹤學生研究數據。藉由音樂和健康醫療產業的相關應用，有效整理數位資料，同時累積不同產業多樣化的開發經驗，再延伸至其他產業，提供更多數位資產更有效率的豐富解決方案。

我們的努力在市場中已逐漸有些收穫，除了 KK Farm 與中國信託的合作案、UC Berkeley 的共同研究應用、智抗糖的解決方案，也在國際競賽中有所斬獲（以色列黑松競賽），也陸續獲得如美商中經合集團（WI Harper Group）、心元資本（Cherubic Ventures）和數字貨幣集團（Digital Currency Group）等國際投資人挹注資金及資源。我們相信台灣既有的硬體優勢，加上優秀的軟體人才，以及區域市場的特性，可說是孕育區塊鏈最佳市場。希望藉由 Bitmark 的投入，能為台灣區塊鏈市場帶來更多正面發展，並在獲利同時，逐步實現社會企業願景。

▲ 中經合年度論壇發表產業趨勢

區塊鏈
黑金科技在台灣發展的契機

中經合集團

區塊鏈（Blockchain），二〇一八年全球科技最火紅的關鍵字，一個被認為是顛覆未來生活與交易基礎的底層技術，在比特幣與其他虛擬加密貨幣所帶來的巨大衝擊下，已深受大眾矚目，然而真正值得期待的，卻是區塊鏈在未來所能帶來的無限可能。除了金融領域外，包括物聯網、數位資產、公共決策、共享經濟、醫療和娛樂等領域，都有可能在區塊鏈技術的衝擊下，產生全新的商業模式與生態環境。

針對未來區塊鏈的發展與佈局，中經合集團主要專注在三大創新基地：美國、中國、台灣的新創產業發展與投資機會，並整合跨領域與跨地域的產業資源，協助新創公司成長。在區塊鏈的浪潮中，台灣擁有特殊的地位與發展優勢：高素質的技術人才與成本競爭力，且地處亞洲市場中心，可快速連

▲ 中經合於美國舊金山舉辦股東年會

結中國與東南亞市場，加上目前各國法令的不確定性，更提高了資源集中在此的可能性，因此相關單位應前瞻地思考如何用更健康、長遠的角度，打造完善的區塊鏈市場生態與法規環境。

區塊鏈技術，在比特幣與其他虛擬加密貨幣帶來的ICO浪潮後，進入了一下個維度的底層技術與市場開發時期。針對區塊鏈產業的發展，中經合透過所投資的數家區塊鏈新創公司，歸納出以下觀察：

一、硬體市場成長動能趨緩：虛擬加密貨幣ICO的熱潮，激發了晶片端與相關硬體產業鏈的需求，在過去兩年中創造了巨大收益，成就像是nVidia，Bitmain等公司市值的大幅推升。隨著ICO的瘋狂降溫，市場投機回歸理性，硬體投資在挖礦端的邊際效益降低，整體硬體市場成長動能趨緩。

二、技術層發展開始萌芽：除了虛擬貨幣運行的區塊鏈基礎架構已逐步完備外，許多新創公司也開始專注在解決包括傳輸速度、儲存、安全等技術方面的挑戰，以及應用層面上如智慧合約、電子錢包、數位身份認證／數位資產及數位簽名等延伸服務元件等，區塊鏈底層技術日趨成熟，才能將其服務延伸至其他領域。

三、應用場域多，但仍缺乏殺手級應用：虛擬加密貨幣是帶起區塊鏈產業的第一個應用。區塊鏈後續應用層面廣泛，包括娛樂產業（遊戲、票務、音樂智財等）、金融科技（投資／保險／電子錢包／法規遵循／支付／金融服務）、社交網絡（如招募人事）、公部門（身份證／擁有權人）、供應鍊及物流（備貨量／倉儲／配送）、健康醫療（保險／數據管理）等，都可採用區塊鏈的技術節省成本、提升效率。各產業的龍頭公司，有機會在未來扮演火車頭角色，成為區塊鏈的先行者。雖然目前仍缺乏下一個殺手級應用，我們會持續在觀察市場應用面的發展，適時提供協助。

在區塊鏈的投資策略上，中經合著重於應用面與技術面的共同發展，專注在關鍵技術的投資與應用面的布局。就關鍵技術而言，數位資產管理就是區塊鏈最革命性應用的一種，如 Bitmark，即是全球第一個數位資產管理與交易平台，扮演未來區塊鏈演進的重要角色。而支持技術框架上的（資訊）安全，則是任何作業系統最基本最重要的需求，如提供加密技術與相關解決方案的 GoTrust，能協助強化整體基礎架構，活化應用市場。

其次，在產業應用方面，我們也看到包括金融科技（FinTech）、健康醫療（HealthCare）、社交網絡（Social Network），以及供應鏈與物流（Supply Chain & Logistics）四大領域上未來區塊鏈的潛力：

一、金融科技（FinTech）：區塊鏈技術應用中最顛覆傳統市場樣貌及影響未來發展趨勢的領域。不僅是金融服務，也重新定義並打造了全新的應用程式、交易流程、相關金融產品及商業模式。諦諾科技（Adenovo）即是運用區塊鏈開發的債券服務平台，為借貸雙方帶來更有效率的服務，同時優化使用者經驗。

二、健康醫療（HealthCare）：區塊鏈技術扮演了協助應用對象間數據管理及交換使用的重要角色，能大幅降低因醫保詐騙產生的醫療成

▲ 中經合參與支持「Google EYE年輕創業家計劃」

本，同時追蹤藥物供應鏈，確保數據在流動過程中的正確性。結合AI技術的健康保險平台Knowtions，即能協助保險公司將醫療數據轉換成可評估理賠標準的內容。又如慧康科技（Health2Sync; H2），提供患者健康數據管理的平台，提供即有的二十五萬使用者安全地取得同時管理個人健康數據。

三、社交網絡（Social Network）：結合區塊鏈與虛擬貨幣的整合性服務，同時擁有強大的安全保護性，帶來完全去中心化的社交內容，及全新符合時代需求的盈利模式。如提供On-Demand專業軟體服務的交易平台Codementor，即在研發整合區塊鏈技術解決方案與服務，協助軟體工程師維護其專業履歷及關係之資歷。

四、供應鏈與物流（Supply Chain & Logistics）：整合區塊鏈技術的供應鏈可讓各環節服務／運輸／儲存商更有效率地紀錄同時管理價格、日期、位置、品質、認證，以及其他相關資訊。如提供智慧家庭能源管理解決方案的聯齊科技

（NextDrive），即是運用區塊鏈於能源管理的最佳案例。

區塊鏈產業要能夠真正的普及，還須相關產業上下游的的參與法規環境的建立，政府法規與監管也須權衡產業發展與金融穩定之平衡，提出適切的條例，成為發展未來自由市場的助力。身為美中台三地的跨境投資者，中經合集團會持續觀察區塊鏈產業在三個地區的發展，同時在台灣注入相關資源，期待未來台灣將成為亞洲區塊鏈技術研發的重要腹地。

三、社會創新

◀創辦人（由左至右）陳玟成、金靖恩、林以涵

社企流（社會企業）

開啟新視野
公益也是一門好生意

二〇〇六年尤努斯教授與其創辦的孟加拉鄉村銀行（Grmmen Bank）獲得諾貝爾和平獎後，成功點燃全球「社會企業」（Social Enterprise）的火苗。以商業力量及企業經營的方式解決社會問題，兼顧公益及獲利的社會企業可視為對資本主義的反思，也預告了未來企業發展方向。

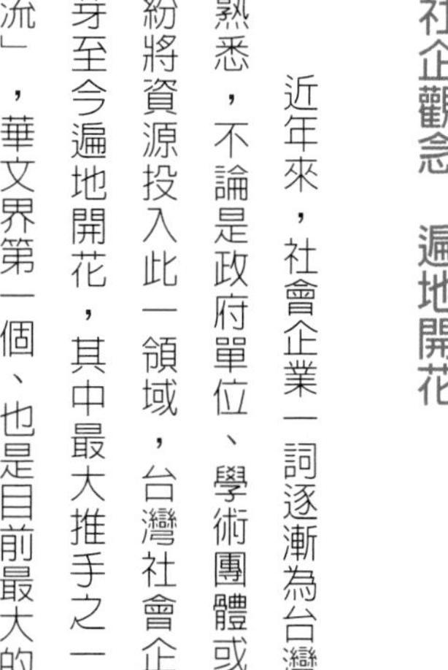

社企觀念　遍地開花

近年來，社會企業一詞逐漸為台灣社會大家所熟悉，不論是政府單位、學術團體或企業機構紛紛將資源投入此一領域，台灣社會企業的觀念萌芽至今遍地開花，其中最大推手之一就是「社企流」，華文界第一個、也是目前最大的社會企業資訊平台。

二〇一二年二月上線的「社企流」，由當時年僅二十七歲的林以涵等三位熱血青年共同創辦，鑑於許多社企相關資訊均以英文為主，語文上的隔閡，影響了社會企業在台灣等大中華地區的發展。創辦初期，大家以兼職方式，帶領一群八年級志工，翻譯彙整了許多具參考價值的社會企業資訊。成立短短一年半，網站就順利發展成擁有九千多名粉絲、五十位志工的平台。林以涵個人也登上遠見雜誌二〇一三年「一百位平民英雄榜」，並獲選為二〇一四年經貿國是會議最年輕的顧問。

從內容網站起家，「社企流」以閃電般的速度成長，二〇一三年註冊成為公司，創辦團隊與志工

▲ iLab社會企業育成計畫，至今支持了64位以改善社會問題為己任的創革者

夥伴也陸續轉為正職，全心投入，另從活動與育成兩方面，全面推動台灣社會企業發展。舉辦各類主題講座、技能工作坊，讓對社企有興趣的朋友找到適合自己的參與方式。

每年的年度論壇活動是台灣社企圈的大事，從二〇一三年起「五百個種子對世界的想像」、「夢想自造家」、「堅持的力量」、「擁抱未來」、「為明日開路—社會企業的十堂課」等論壇，主題不但緊扣著公司的精神與成長步伐，也是台灣社企產業發展的縮影。二〇一八年更擴大規模，與行政院、台中市政府、喜憨兒基金會等公私部門攜手合作，舉辦台灣史上最盛大的社會企業國際交流活動「明日亞洲——二〇一八亞太社會企業高峰會」。從啟蒙到交流，社企流累積上萬名的參與者，讓台灣迎頭趕上新加坡、香港、首爾等城市，成為亞洲主要的社企聚落之一。

二〇一四年開始啟動iLab社會企業育成計畫，透過「Try it創意試驗」與「Do it創意行動」項目徵選，鎖定「草創概念，即將進入市場測試」以及「已驗證市場需求，追求永續發展與擴大社會影響力」兩個不同階段的社企創業家，並提供種子獎金、導師諮詢、課程培訓、交流媒合等輔導資源，逐步建立起台灣社企生態圈。

結合資源　試驗創意

高度的使命感與活力十足的執行力，「社企流」創業之初即獲得多位企業人士出資支持，與企業合作的活動專案及年度論壇，好評不斷、出席人數屢創新高；iLab育成計畫，更結合了各界企業資源，共同攜手支持想改變社會的社企創業者，至今共輔導六十四位社企創業者。

「社企流一路受到很多前輩的幫助，所匯集的資源會努力讓更多創業家共享，期待看到社會產生正向的改變。」林以涵說。不曾停止腳步，未來林以涵為自己及「社企流」立下國際化的新目標，除了定期邀請國外知名社企人士來台分享交流，啟發創意，二〇一八年更推出國際版網站，用英文展示台灣社會企業的發展趨勢與成功案例，希望強化台灣社企與國際社群的連結。「社企是一個很新的領域，很多都是首創的商業及服務模式，在台灣無從參考諮詢，但在國外或許已經有人做了，社企流搭起國內與國際團隊的橋樑，加速其成長，才能更擴大影響力。」

經營管理有成，過去六年來因應社會企業生態圈需求，陸續推出媒體、活動、育成等服務以拓展業務。公司甫成立時的特別股設計亦值得參考：經營團隊持有普通股、掌握決策核心；天使投資人持有特別股，無投票權，但每年可拿到一定股息。特別股資金協助公司在初始數年得以成長，原設計四到七年要贖回的特別股股權，目前剛屆滿四年已可贖回，股東可拿回一．二倍的股金，達成資金循環使用之目標，堪稱社會企業界的創舉，具有正面指標意義。

從「社企流」及許多投入社企的年輕朋友身上，不難發現另一種新世代、新型態的創業氛圍，他們關心社會議題，有目標、有理想但也要自給自足、永續經營，比起賺錢，更在意的是社會影響力，他們開啓了公益的新視野，用行動證明「公益也是一門好生意」。

▲ 每年舉辦的年度論壇活動是台灣社企圈的大事

新苗創造的火光

創業以來最有挑戰性的事

社企流共同創辦人暨執行長　林以涵

如同蝙蝠俠行俠仗義，背後卻少不了萬能管家「阿福」為他打理一切；在第一線改善社會的「社會企業創業者」，身後也需要一個或數個阿福，成為他們的軍火庫，「社會企業生態圈」就是創業者們背後的阿福。

若將社會企業視為一個產業，這幾年隨著社企概念逐漸廣為人知、社企家數不斷增長、政府開始參與……等，社企生態圈也產生不少變化。社企流以「完善台灣社企生態圈」為使命，作為生態圈中的支持組織，這幾年來也面臨不少挑戰。

首先，支持組織的服務與政策、產業趨勢高度相關，也因此社企流二〇一二年起經營網站倡議、二〇一三年起舉辦交流活動、二〇一四年起推動育成輔導等，都是對於社企整體發展甚是重要、且當時尚未有人提供的服務。我們總笑稱社企流作為社

▲ 從啟蒙到交流，累積上萬名的參與者，台灣成為亞洲主要的社企聚落之一

企圈的先行者，並非處於競爭激烈的「紅海」，但誰敢肯定進入的是能夠開發全新市場的「藍海」、而不是毫無市場前景的「死海」呢？

再者，支持組織為了服務前線的社企，經常需要串連各方資源，例如政府、學界、企業、投資方等，因此利害關係者為數眾多。面對各方關係者不同的需求與期許，容易常陷入多方角力的為難。此外，支持組織的社會影響力雖然深遠，但在大眾眼中較為「間接」，且不像第一線的社企具有強烈故事性，資源掌握者往往傾向於直接和社企合作並主導一切，而非把錢交給支持組織「讓專業的來」。

要克服上述挑戰固然辛苦，但總有覺得好值得的時刻：當有網站讀者因為看到社企流介紹的國外社企案例，飛往該國取經，進而將該模式帶進台灣；當有會計師透過社企流認識企業社會責任（CSR）與技能導向志工服務（Skill Volunteering），開始擔任社企的導師、提供財務會計建議；當有社企創辦人因為我們而找到好的團隊夥伴、業務對象、投資機會；當政府開始制定社企相關政策時，會聆聽與參考社企流經驗……等，都在提醒著我們

▲ 團隊全面推動台灣社會企業發展

當初創立社企流的初衷與使命。

特別是因為 iLab 社會企業育成計畫，得以認識並支持了六十四位以改善社會問題為己任的創革者，他們的願景與行動，讓我們更貼近台灣各式社會問題的脈絡，他們的挑戰與成長，也形塑了這個世代尋求共好的養分。這些微小但重要的互動、回饋與變革，讓我們總覺得社企流的創業歷程是在貼近土地、參與歷史，點點滴滴匯聚成創業以來最有成就感的時刻，也讓我們自己更期待下一個五年社企流與台灣社企圈的發展。

▲從「天空的院子」到「小鎮文創」，何培鈞集眾人之力帶動小鎮轉型

小鎮文創
TOWNWAY
www.townway.com.tw

小鎮文創（社會企業）

地方創生　護舊又創新

近年來日本政府提倡「地方創生」的概念，因應偏鄉人口外移、城鄉發展差異懸殊等問題，希望構築青年活力注入鄉村的渠道，進而創造地方就業並形成人口增加的良性循環。台灣青年創業家何培鈞早在十年前就落腳南投竹山，從觀光行銷到產業革新，一步步重拾台灣小鎮的價值與生命力。

▲ 透過遊訪竹山，讓觀光客成為社會學家

以工換宿　吸引年輕人

這一棟荒蕪的百年三合院，在一心想要修復古宅、保存文化的何培鈞看來卻珍貴無比，於是他一磚一瓦地將它修葺改造成台灣最美的民宿「天空的院子」，成功吸引了許多國內外遊客的到訪與駐足，住古厝、遊古道、品嘗當地食材，堅持結合竹山在地產業與文化特色的經營模式，為這個早已沒落、旅客趨近於零的小鎮，帶來前所未有的觀光人潮。

然而，雖然觀光人數一直在增加，但當地人口卻持續減少，竹山前景仍不樂觀，何培鈞二〇一一年進一步成立「小鎮文創」，希望建立一個開放的平台，為小鎮帶來更多的改變。「與其自己想破頭，不如邀請大家一起來幫忙想」，何培鈞開始在各大專院校推動「以工換宿」，招募年輕人來到竹山短期居住，除了親身體驗、挖掘竹山的美好，唯一條件就是要用自身的專長推廣竹山文化。

借力使力的策略讓鎮上有了新氣象，打鐵店開始製作除了農具外的手工紀念商品、米麩店生產更多口味與包裝更精美的「米香」，店家招牌也從壓克力變身成結合科技與在地手工技藝的竹編 QR Code，讓遊客快速地從手機獲得店家資訊與在地故事。

此外，彩繪空間、拍攝微電影、設計竹編產品，「小鎮文創」就像一個創意實驗室，每年有超過二百位來自世界各地及中港台的年輕人，來此實現上百個讓小鎮更好的點子，同時「小鎮文創」也提供友善的創業環境，協助青年返鄉創業。

一連串的作為產生漣漪般的效應，何培鈞將經營層面延伸到社區，結合當地廟口文化與路跑創意，每周固定舉辦夜跑活動，更在廟口前搭起布幕、音響辦論壇，帶動竹山居民互動、交流，促進鄰里共同投入社區再造等公共議題的討論。

「唯有在地人更認識自己的家鄉，產生認同文化與自我覺醒的共識，才能成就一個地方的革新和成長。」何培鈞說。有如童話故事中仙女手中的魔法棒，在小鎮上空輕輕一點，人們看到從台中高鐵站到竹山的客運復駛了，原本老舊的台西客運站用竹編工藝改造成特色餐廳，鎮上老店第三代決定承接傳統家業、創新轉型。

還有，原本在外打拚的遊子返鄉與父親一起將茶園轉作有機；一位導演也回來要拍出屬於竹山的第一部電影。有了年輕人創造力的注入，在地經濟因而形成，這場溫柔而強勁的改造行動持續進行中，成就一個個改變小鎮的奇蹟。

社區再造　深度體驗學習

「對待沒落鄉鎮最好的方式就是開放、開放、再開放，就會有很多不同的觀點進來，以及許多被重新定義的機會。」何培鈞再提出結合「食、宿、學習」的商業模式，把一般的觀光行程轉化成深度的體驗與學習。

在地創業青年成為竹山鎮上的另類景點，廣邀企業團體來聽他們創業的故事，並親自參與翻轉這座小鎮的復興運動，目的除了引進外面的社會資本，促進在地產業發展，更重要的是希望透過企業的力量，將「小鎮文創」的社區營造經驗複製並運用在台灣各處鄉鎮。

▲結合在地產業與文化特色，為竹山小鎮帶來前所未有的觀光人潮

把社會問題視為開創的機會，劣勢翻轉成優勢，進而產生新的商業價值，「社會企業」是台灣新世代創業的另一種趨勢。

從一間民宿到一個社區，再到一個鄉鎮的發展，「小鎮文創」兼容護舊與創新，結合內部與外部資源，創造在地的自主性和永續性，影響力持續擴大，也為台灣在地經濟發展立下一道成功方程式。

▲ 光點小聚，地方居民每月聚會關心自己的故鄉

新苗創造的火光

讓台灣在地美好生活方式成為華人影響力的故事

小鎮文創

今年，在竹山的發展進入第十三年，從民宿，社區到小鎮的社會實踐省思之路，從台灣九二一大地震的災區，逐步地邁向地方振興的復甦，終於，近兩年竹山鎮上的人口，開始成長。

台灣地方發展，長期以來，從政府到民間，只關心發展的人潮與錢潮，因此，台灣的觀光景點賣的產品與服務，幾乎都是越來越同質化，一致化與沒特色化。幾乎大部分的商家都是批外面的貨，賣給外面的遊客。產品與服務通常與地方，一點任何關係都沒有。因此，是一種虛胖的地方貿易經濟，而非在地常民經濟，然而透過政府各種計畫補助，造成地方大量遊客短期內，非常的熱熱鬧鬧與熙熙攘攘現象，居民房租房價一漲了，地方居民就開始把房子租來賣了，就離開了。幾乎只要一個地方，

▲ 分享竹山經驗，鼓勵更多鄉鎮進行地方質變的轉型

發展起來居民就消失了，而外地的業者，大量移動來創業之後，如果沒有把經營的地點，視為自己出生的地點，地方文化，生態與居民就開始逐步地消失。

因此，在四年前，當發現了這樣的現象，就決定要找到解決方案。

從天空的院子民宿的住宿產業，竹青庭人文空間的食育產業到小鎮文創的研學產業，我們將三個竹山發展事業，融入了台灣社區營造的陪伴精神與社會創新方式，結合文創，旅創與農創的專業，整合成為竹山經驗的生態與系統。同時，結合區塊鏈的技術，轉化成為竹山數位鎮民智慧服務，讓竹山能夠成為大家的第二個故鄉。同時，誒我們舉辦光點小聚，每個月最後周五，一個月一個晚上，用三個小時的時間讓地方居民關心自己的故鄉。四年下來，地方居民參與人數越來越多，也自發性的關心自己地方生活狀態。每一年我們期許能夠帶動陪伴六個竹山新品牌落地，創造更多地方故事，並且鼓勵更多鄉鎮進行地方質變的轉型。近幾年，我們看見了中國大陸的中國文化的崛起影響，日本西化東

▲ 地方創生是地方城鎮都在面對的挑戰，關於地方的新生我們要投入更多的心力

洋細緻文化也仍然持續地引領亞洲國家，到最近，韓國的演藝影視產業的更不斷的席捲全球，當我們發現越來多國際競爭方式，越來越多元，越來越運用軟實力的型態去創造自己國家發展國際優勢，而台灣是否也能夠在世界的地圖中，精準地找到屬於自己自信的樣貌？如果，我們能夠把台灣在地美好生活方式，讓地方的觀光，教育與社會都能夠從地方永續發展的脈絡中，轉化成為台灣經驗的國際輸出，應該更能在華人世界中，創造出屬於台灣價值優勢。

讓台灣經驗，能夠在華人輸出，發光發熱。

近兩年，我們也將竹山經驗，透過企業輸出到台中、湖南、寧波，同時，試圖也夠帶來更多新的發展願景與積累更多實務經驗，尤其，明年將是台灣地方創生元年，或許，我們能夠把握機會，在台灣社會人口結構變動最劇烈的時代中，演繹出更無與倫比的創生經驗，我想，我們一定能夠帶給大家，更堅定的良善價值與力量。

綠藤生機（B型企業）

「對社會帶來正面影響比賺錢還重要」，創辦人（由左至右）廖怡雯、許偉哲、鄭涵睿

栽種有機芽菜　推廣綠色生活

他們，一路從建中、北一女念到台大財金，放下金融業優渥待遇，反倒捲起袖子種起有機活體芽菜，走上市集，向人群介紹芽菜的美好。

懷著「為人更好」的理想，綠藤生機從吃的延伸到用的，比如賣洗髮精時明明可以多賣一瓶潤髮乳，他們卻要客人別買，「我們要倡議正確的洗髮觀念。」創辦人之一的鄭涵睿說：「對社會帶來正面影響比賺錢還重要。」

B型企業　栽培有機芽菜

對綠藤而言，這不是一盤算計，而是為美好生活而設計的一門生意；培育芽菜也是一樣。

一走進台大創新育成中心的綠藤生機辦公室，友善與簡單的素材，不刻意裝飾的空間布置，反映的是「真實生活」。在這裡可以看到綠藤的發芽足跡，不只是綠色與環保的倡議者，還是台灣第三家B型企業。

二〇一〇年，台灣第一個有機活體芽菜栽培技術在此誕生，回想當年走上研發芽菜這一條路，鄭涵睿卻認為：「這是一題錯誤的創業題目。不管是有機芽菜或是一瓶理想的洗髮精，都算是市場上低涉入的產品，沒有很好的市場，一開始經營十分辛苦。」

逆境大啟示　走想走的路

「一開始遇到很多壞球」，鄭涵睿等三位創辦人邊走邊修正，使得綠藤不斷成長，如同球場上不

▲ 以公平貿易的方式推出「奇蹟辣木油」，幫助迦納小農脫離貧窮，並協助當地環境保護

會總是順境，但他們從逆境中得到更多正面的啓示。不選擇好走的路，而是走一條想走的路，要有意願持續走下去，三位創辦人堅持要去別人沒有到過的「最好的地方」。他們從腦海中創造想要的產品，那會是一個人人都需要的產品，也相信只要有先進的技術加上設計好的包裝，到市場一定好賣。

結果卻相反，大多數消費者對於「活酵素來源的芽菜」一知半解，大眾需要先被教育何謂芽菜；原定的「好吃、吃好」行銷策略，也因芽菜在口感上一點也不好吃，而不斷修正策略。這時，他們才發現對「市場」的預期與假設，完全是錯誤的。

然而，初生之犢不畏虎，他們馬不停蹄擺設攤位並舉辦試吃活動，站在第一線面對消費者後，才掌握客群對象，再經過五年的努力，漸漸地打開通路市場。找到了「Product-Market Fit」將客戶回饋的訊息轉換成適合公司永續經營與發展的關鍵。

「不放棄任何一個機會」讓鄭涵睿與團隊獲得市場的認同，公司經營也交出了成績，二〇一六年的營收達到新台幣億元，相較於二〇一五年的數千萬元，成長數倍之多。目前股東包括國內知名的中

▲ 連續三年獲得「對世界最好的企業（Best for the World）」大獎

華開發等企業。

綠藤生機能由荊棘中走出一條路，除了來自團隊的努力之外，鄭涵睿也傳承了父母親、台大園藝系教授鄭正勇與橘子工坊創辦人林碧霞的智慧，也因為有了父母的專業指導，綠藤生機很快地掌握技術專利，對趨勢的洞見與創新成為他們的優勢。

「前輩諄諄教誨，使我們獲益良多。」除了父母之外，包括信義房屋董事長周俊吉、世紀奧美公關創辦人丁菱娟的鼓勵與支持，也敦促他們持續努力。

創新優勢　掌握技術專利

「公司成長很快，技術不用擔心，但人員與系統跟不上腳步。」鄭涵睿認為，一位領導者面對快速轉變的市場必須跟著學習進化，建立團隊共識，自己也要破除本位主義，帶領團隊往同一個方向前進。

「增加營收、減低成本、增加社會影響力」是綠藤生機能創造佳績的關鍵，但他們更堅持的是初

▲ 獲得英國COSMOS歐盟有機認證（與全球稽查員Peter合影）

衷。「賺了十億、一百億，我們都不會覺得是成功。」綠藤對事業成功的定義是「對社會有著正面的影響力」。

綠藤生機讓外界看到新一代的創業模式，於創業之初即將社會責任基因深植於企業文化裡，他們積極承擔社會責任，儼然是新創業者的典範，未來將引領更多新創事業懷抱使命感，回應社會的期待。

▲ 打造寒暑期實習生計畫，培育年輕人才， 至今已有 1/3 實習生成為正職

新苗創造的火光

「對世界最好」！用商業力量帶動正向改變

綠藤生機

二〇一八年六月，綠藤連續第三年抱回 B 型企業最高榮譽——「對世界最好的企業（Best for the World）」國際大獎，並創下了亞洲紀錄。透過這套國際量化指標，讓當初想創立一家「好」公司的願景，有了更具體的評估與努力方向。

面對全球社會與環境問題，競爭戰略之父 Michael Porter 表示，在眾多組織形式下，唯有企業能創造資源，並透過規模化解決。而 B 型企業運動代表一股重新定義企業成功的趨勢，將傳統企業「為了股東（Shareholder）創造利益」，轉化成「創造共享（Shared）價值」，而這也是綠藤營運的核心。

綠藤相信，商業與理念之間的交集在於「產品」。那麼，要如何發揮影響力？一瓶來自非洲迦

▲ 透過 Pop-up Asia 策展活動，推廣產品與保養理念

納的公平貿易「奇蹟辣木油」也許提供了一個好答案。綠藤透過與同樣以永續發展為目標的美國企業MoringaConnect合作，主動提供初期資金（Pre-financing）和技術支持，讓迦納小農們無後顧之憂，先取得種子與相關設備，這些辣木籽再以麻省理工獨特的冷壓萃取技術製成全世界頂級原料——辣木油，以供相關產品生產使用。在綠藤的推廣下，除了讓更多民眾認識更純粹的辣木油保養，透過這樣創新的供應鏈合作模式，至今也協助幫助超過三千戶農民得以脫離貧窮，更協力打造非洲最大有機辣木田，台灣也成為了美國之外第二大採購國。

除了聚焦產品創新研發，綠藤亦重視以消費者更熟悉的語言進行理念倡議，綠藤在社會上最大的貢獻可能不會是透過研發的一件產品改變人們的生活，而是藉由提倡的理念，讓更多人找到更適合自己、也對環境更為負責的生活方式。無論是「別買這瓶潤髮乳，因為你可能不需要」、「無乳液實驗」、「第三選擇防曬」、到「綠色生活二十一天」等，都希望讓更多人認識綠藤的理念，同時重新檢視自己的需求及日常行為，減少過多不必要的消費，用更好的方式對待自己和環境。

此外，面對快速變動的外部環境，綠藤積極打造「學習型組織」，如：邀請美國系統變革學院共同創辦人、彼得．聖吉的門生薛喬仁博士，將系統動力學的相關概念與工具導入組織，讓同事們一同學習、釐清共同目標，並帶來改變。同時致力培育社會創新人才，整合國內外管理碩士、外商儲備幹部的受訓精華濃縮所打造的「實習計畫培訓制度」，超過三分之一的歷屆實習生成為正職，並受到熱烈歡迎，二〇一八年暑期實習生四個職缺更吸引逾七百位申請者。

未來，綠藤希望能成為台灣代表性的綠色企業——一個擁有獨特企業文化，商業的力量，擁抱學習型組織，致力社會帶來更多改變的B型企業！

▲ 成立兩支基金，近80位股東，主要是專業人士、企業家及機構投資人

活水社企投資開發

（影響力投資）

引活水挺社會創新
用投資發揮社會影響力

在產、官、學各界的推動下，近年來許多懷抱理想的年輕朋友紛紛投入創辦社會企業及社會創新，希望透過創新的商業模式，解決不同面向的社會問題，但創業初期由於缺乏資金、人脈及相關管理技能，在公司營運及成長發展上，往往面臨很大的挑戰。

二〇一四年成立的「活水社企投資開發公司」（B Current Impact Investment）以發掘能夠改變社

▲ 四年以來共投資了9家社會創新企業，發揮了導引民間資金參與投資社會創新創業的影響力

會的投資個案、連結社會創業家與投資者，發展可持續擴展、並值得被投資的商業模式為使命；也是目前台灣少數講求社會影響力，鎖定社會企業為輔導及投資對象的創投機構。

協助社企創新創業

共同創辦人陳一強過去曾在國際顧問公司擔任合夥人，擁有十五年以上企管顧問經驗。二〇〇六年家中小生命的誕生，感恩之餘，他思及未來孩子所處的社會及環境問題日趨嚴重，省思要如何善用自己的專業，改變社會、回饋社會。

陳一強於二〇〇七年加入台灣社企先行者「若水國際」團隊，結識了台灣社會企業的第一代生力軍，包括日後創辦第一個華文社企資訊匯流平台「社企流」的林以涵、推動國際志工服務「以立國際」的陳聖凱，以及目前擔任「若水國際」執行長，致力結合資訊科技與身障就業的陳潔如等。

三年的實務參與，讓陳一強深刻體認到，在社會企業觀念剛萌芽的階段，除了資金投注，也必須整合商業模式開發、人脈資源連結、經營管理諮詢等輔導服務，才能真正協助社企創業者，逐步為台灣社會企業建構完善的創業、投資生態。

二〇一一年公司尚未設立之初，陳一強運用自己的專長和經驗，輔導多家社會企業，並以相當多元的方式，協助引進民間共益資本。有的是先找到天使投資人創立公司之後，再把股份全數捐給非營利組織，成為「非營利社會型公司」；有的是投資股份，同時要求導入符合社企精神的股東協議書、公司章程與董事會；有的是提供策略與財務諮詢、以社企名義登上創櫃版；有的則是協助找到對的人才、發展業務；有的則是設計以發行特別股增資的模式，創造股東回收本金的機會。

俱樂部衆籌模式

二〇一四年「活水社企投資開發公司」在另一位共同創辦人鄭志凱（矽谷Acorn Pacific Ventures創投基金共同創辦人）的帶領之下正式發起，集結了四十三位來自台灣及矽谷不同領域的企業人士，以天使俱樂部衆籌模式（Club-Funding），每人一年三十萬元，預計三年募資五千萬元，成立台灣第一個社會創投基金。

與一般創投基金最大的差異在於，股東們對於投資回報，僅以拿回本金為訴求，若能有利息回饋更好，因此「活水社投」在股東價值極大化與捐贈之間，取得發展空間，雖然基金運作屬於實驗性質，但可感受到台灣社會對於社企創投的殷切期盼。

除了資金，股東也會依據投資個案的需求，貢獻個人的時間／專業、資源／網絡，積極參與投前評估及投後治理，並在公司治理、人才培用、業務發展、產品精進、資金募集等方面，協助社會企業持續成長。猶如電影《高年級實習生》的場景，在台灣真實重現，年輕世代的社企創業家與資歷豐富的企業專業人士，攜手合作，共創改變社會的契機。出錢又出力，「活水社投」具體呈現「影響力投資」的最高境界。

從事業轉戰志業十年，陳一強一直是台灣社會創新創業運動幕後的推手，成功搭建企業界支持參

▲「活水社投」在股東價值極大化與捐贈之間，取得發展空間

與社會企業的橋樑，未來計畫連結更多企業能量與產業資源，成立第二支基金，透過正式的基金管理制度，健全台灣社會創新創業的投資環境，深入協力更多不同領域的社企成長發展、影響力升級，如同活水湧流，生生不息！

投資實績：

- 友聚生機（2021社企）：「從新開始一個永續的老梅經濟圈」
- 綠藤生機：「重新建構一個真實的生活型態」
- 以立國際：「飛往需要你的世界角落」
- 黑暗對話：「釋放自已，突破限制」
- 慕渴（鮮乳坊）：「獸醫把關的好農鮮乳」
- 甘樂文創：「用設計打造永續的社區關懷系統」
- 共宅一生（玖樓）：「創造居住新型態，重新連結和諧生活」
- 瑪帛科技：「讓愛和思念可以被看見」
- 奇力愛：「因愛而生的全方位營養照護」

影響力投資共益平台 推升社會創新創業新境界

活水社企投資開發

活水最常挑戰自己的問題就是：「如何用投資發揮社會影響力？」

做為台灣少數（目前可能仍是唯一）百分之百投資於社企的民間投資機構，活水的宗旨在鼓勵社會創新、連結「社會創業家」與「影響力投資人」兩端，協同提昇社企的投資準備度（Investment readiness）。

一方面傾力陪跑這世代的社會創新創業團隊，有朝一日發展成為下世代的意見領袖；另一方面積極導引民間共益資本投入社會創新創業領域，希望拋磚引玉、發揮乘數效果，而成功不必在我。

回顧過去兩年，活水達到了下列六項里程碑：

一、**充實資本、擴大參與**：在二〇一七年，成功發起了第二號基金「活水貳影響力投資公司」（B Current Impact Investment Fund II），仍採用天使俱樂部眾籌模式，但以機構及企業家為訴求，每人五百萬元，目標二十位，與一號基金配比共同投資，而一號也順利完成了第二次增資，股東人數增加到六十三位。

二、**自給自足、培育人才**：由第二號基金委託一號基金「活水社企投資開發公司」擔任管理者，提供了活水未來幾年穩定且可預期的收入來源，因此有機會進行更長期的規劃，可以為台灣培養新興影響力投資領域的專業人才。

三、**持續投資、發揮影響力**：截至今年八月為止，四年多以來，活水總共投資了八家社會創新企業，另有二家正待走完程序（平均每年投資二—三家）。值得一提的是，活水每投資一塊錢，就有三塊錢的共同投資金額（一比三），充分發揮了活水導引民間資金參與投資社會創新創業的影響力。

四、**高度參與、陪伴又陪跑**：活水兩支基金總共近八十位股東，多為專業人士、企業家及機構投資人，除了提供資金，部分股東也願意投入寶貴的時間，因此活水成立了行銷、財會、法務、人資及影響力等五大專業顧問團隊。此外，活水也會邀請股東擔任法人代表，出任投資戶的董事或監察人。

五、**配置資產、創造可能性**：活水計畫將五〇%的資本投入可持續擴展（Scalable）的社企，另外五〇%放在能自給自足（Sustainable）但深具影響力的社企，加上廣納其他共同投資人，期許為股東創造回收本金的機會。

六、**參與共／兼益公司專章立法運動**：活水支持本次由「民間公司法修法委員會」所提出並與歐美同步的「共／兼益公司法草案（**Benefit Corporation Legislation**）」。受方元沂教授的啓發，國民黨與時代力量黨團都提出了版本對案，並在今年六月底立法院政黨協商時得以形成一個附帶決議：「有關共益公司、兼益公司及社會企業等，請經濟部於本法修正後一年內，針對究係於公司法定專章或以制訂專法方式納入，進行評估」，開創了社會創新入公司法的契機。

活水相信「信任有價」（Trust can be currency）但「使命無價」（Purpose can not be priced）而「魂魄需血」（Soul can not live without blood），直到有一天，一流人才從事社企不必領取二流薪水、社企經營者不必背負超荷的道德壓力、經營者與投資者充分信任且彼此提攜、而創業生態系已然成熟，社企創業者不必獨闖韶關，並能以成功的社企經驗影響一般營利企業與非營利組織的行為模式。

台灣是社會創新創業的沃土，因為擁有蓬勃發展的民主自由、公民社會與中小企業基底，更有愈來愈多政府解決不了的社會與環境問題，但危機就是轉機，若能藉此打造有溫度的產業，恰能創造台灣「巧實力」與「暖實力」的優勢。讓我們一同期待未來所有的企業都是對社會與環境有正面影響力的社會創新企業，並且早日體現聯合國的「永續發展目標SDGs（Sustainable Development Goals）」，這也就是「活水影響力投資」的夢想了！

薪火

呂學錦

（交通大學教授／前中華電信董事長）

資通專家推廣三力

中華電信前董事長呂學錦，是台灣資通訊產業專家，任職期間積極發展雲端運算技術，帶動資通訊產業進化成智慧型經濟，而中華電信也順勢從電信業轉型為資通訊公司。

創新決策領導　教育傳承

近年來最為人所知的是，由他率領的中華電信雲端團隊與導演李安合作拍攝《少年PI的奇幻漂流》，以強大的雲端計算能力和資訊傳送資源，串連台灣視覺特效產業鏈，打造全球視覺特效雲端服務中心（CAVE），為台灣數位內容產業升級、邁向世界舞台，立下重要的里程碑。

二〇一三年卸下中華電信董座職務，呂學錦持續關注國內產業發展，除了透過發表文章向企業、政府獻策並提出建言外，也回歸校園，用教育傳承他豐富的企業經營經驗及人生智慧，藉此培育未來企業領導人和新創事業家。

他在交通大學開設的課程主題內容圍繞著創新力、決策力與領導力，論述中結合禪學思維及中西實務案例，也常引用電信學理論及簡單數學公式推導歸納，相當具有啓發性。

呂董用「放空」、「轉念」為基礎概念解釋何謂創新，以他最推崇的賈伯斯為例，鼓勵年輕人「Think Big、Aim High」，「唯有不受到現實的侷限，才有看到無限寬廣的可能性」。

突破侷限　創造倍數價值

轉念的最佳典範則是雀巢公司所推出的膠囊咖啡機，成功地在即溶咖啡及沖泡咖啡市場中，開闢出一條嶄新的道路。呂董同時也提醒台灣創業者要善用網路科技，勇於把全球市場納入目標，才能為其想法及提出來的解決方案創造倍數般的價值。

不論做事情、組團隊，每一個階段都需要做決策，年輕人要帶領未來的發展，其中決策力更顯重要，深深影響後面的結果。

呂董特別推薦毛治國部長在《決策》一書中所提出的「見（周延）、識（洞達）、謀（深遠）、斷（精準）、行（果決）」五個做決策的階段，看到什麼、如何理解、怎麼規劃、判斷做決定、放手執行，縱然做決策時需倚賴研究、統計數據、市場調研等相對客觀的資訊，但可以從反思自身經驗、訓練決策能力，進而形塑出專屬自己的決策風格。

「無意識的無知」則是呂董指出普遍存在於社會的現況，尤其身為領導者更該引以為戒，舉出年輕時代王貞治始終無法突破打擊瓶頸的例子，經過荒川教練的提點，發展出名聞遐邇的金雞獨立打擊法，締造全壘打王的傳奇。

相同的，賈伯斯也有乙川禪師指導禪坐、聆聽內心的聲音，得以脫胎換骨、度過人生谷底，重返蘋果公司開發出不同凡響的產品與服務，再創事業高峰。我想呂董應該也是抱持著相同的心境與期待重返校園，盡一己之力，為培育台灣年輕世代人才做更多的貢獻。

產業實務經驗　融入課程

長期以來，我們賦予高等教育的職能在於培養某一領域專精技術的人才，即所謂「I型教育」，近年來因應時代潮流的需求，把所學知識更完備地連結與統整的「T型教育」成為各大專院校的教育方針。

由大學教授提供垂直、分項專業的教育，加上如同呂董這樣的企業人士，把一生征戰產業的實務經驗及人生智慧化作課程，親自教授，彌補跨領域及橫向連結的不足。產學跨界合作，共同培養兼具深度與廣度的人才，為台灣產業升級、強化競爭力奠定重要的基礎。

薪火傳承的能量

知行合一

台灣產業轉型升級的挑戰

交通大學教授　呂學錦

因有知難行易之論，亦有知易行難之說，故有知難行更難，並且須知行合一的論說。

約莫四十年前的世代，半導體技術產業已經火紅，微處理器剛剛萌芽，各式各樣的可能應用層出不窮，日新月異，就像今天的機器人和人工智慧一般。

當年網際網路的早期研究仍在有限的學術機構之間實驗，資訊傳播還以傳統的書面報告方式為之，校之以現在彈指之間，隨心所欲資訊來的境界，相對速度緩慢。慢，有慢的優雅；不就是「謝謝你遲到了」所傳遞的智慧嗎？因為慢，所以當時的世代可以說是處於知難的狀態。

四十年前，當今科技界富享盛名的大老們大都正在二十五至三十五間之青年；拼搏發展的企圖心旺盛，抓住機會就奮勇向前行。專注核心技術與產品的研發生產，日益精進。當時他們手拎裝著樣品的皮箱，漂洋過海，沿門托缽，不恥上問，冀求訂單的行腳精神，難道不是芒鞋踏破嶺頭雲的寫照嗎？如此鍥而不捨，終於建立成為全球半導體製造，電子產品代工，關鍵組件和資通訊設備製造的重鎮。這就是行亦難呀！

最膾炙人口之案例是孫運璿院長和李國鼎政務委員等七人小組在豆漿店早餐會決定投入半導體技術引進的決策；知難的部分；以及胡定華和史欽泰為代表的年輕專業人士們，自願加入新成立的團隊，一步一腳印地執行技術引進，技術建立，創建實驗工場，產品設計和實驗製造，新技術研發等工作，克服一切困難，奠定穩固堅實的積體電路製造能力所投入的功夫；行亦難的部分。決策與執行兩者搭配，缺一不可。

台灣曾經引以為傲的經濟奇蹟絕不是天上掉下來的禮物，是集合了多少組，聰明有智慧的決策者，乘上堅毅不拔刻苦耐勞又有能力的執行團隊，共同創造出來的成果。

這個集合體，發展到今天，依然是台灣經濟的命脈。

然而，她已步入中年，需要脫胎換骨，轉型升級，才能再度恢復青春，容光煥發。

脫胎換骨式的轉型升級，不是一般拉皮或隆乳等膚淺的醫美所能達到的，也就不是換個企業標誌，寫幾句新口號掛在牆壁上就成事的。脫胎換骨是每個細胞都要更換的，徹底翻新打造的，賦予嶄新功夫的，天蠶變式的體質轉變。

就像當年InTel捨棄在記憶體晶片製造紅海市場，轉身全力投入中央處理器（CPU）晶片製造的藍海市場，並且跟個人電腦作業系統主導者微軟密切合作，造就WinTel雄霸個人電腦界數十年！

也像蘋果公司從個人電腦單一產品，經過共同創辦人賈伯斯的挫敗淬鍊而成的天才，回鍋領導，推出一系列可定義當代文化的高科技產品，讓蘋果公司起生回生，並發展成為全球最有價值的公司。

Make Taiwan Economy Great Again !讓這句話不淪為口號，我們必須正視當前的挑戰，從傳統經濟轉型為數位經濟的挑戰。數位經濟的發展方興未艾，彷彿就是四十年前半導體和微處理器當時的情境。雖然彼一時此一時，現在的挑戰更難，不可同日而語；但是，別忘記，有為者亦若是。誰是有為者？相信我們現在的年輕人，聰明才智更優秀，專注力更集中，使命必達的熱忱更旺盛，面對挑戰的執行力絕不輸四十年前的長輩。難，更難，雖千萬人，吾往矣！

論說至此，決定成敗的關鍵無他，在於決策者，有高度智慧掌握難知的先機與機會做決定，並且放手讓有能力的年輕人去發揮的領導人。

身處如此複雜的全球政經環境中的寶島，我們能夠成功的法寶選項不多。能夠體認知難，行更難的現實，充實能力，增長智慧，Do the right thing at the right time with the right people，從而落實知行合一，相信蒼天有眼，會護佑台灣的。

AAMA Taipei 搖籃計劃

顏漏有

（AAMA校長／前華鴻創投副董事長）

▲ 顏漏有退休後，現在是以培育、輔導創業家為志業的顏校長

從矽谷到台北 AAMA助新創茁壯

讀書學習需要老師的教導，創業也是，尤其是邁入成長期階段的新創公司，創業者在公司營運站穩腳步後，馬上要面對的是外部市場上的競爭與公司組織擴張所帶來種種管理上的考驗。此時有創業導師的陪伴與輔導，可以帶給團隊正向的幫助與新的視野。

▲「AAMA台北搖籃計劃」是少數針對成長期創業家的輔導資源

創業搖籃　資源串聯

顏漏有先生在台灣創業圈素有顏校長之稱，是「AAMA台北搖籃計劃」共同創辦人，過去曾在Deloitte台灣、中國及美國提供專業會計及管理顧問服務三十年，累績豐富的人脈與資源，除了服務大型跨國企業，也非常關注兩岸新創公司的發展。參與了AAMA北京分會的籌設工作，因而開啓其培育、輔導創業家的志業。至今即使從職場退休，仍每天神采奕奕為青年創業家四處奔走、協助串聯資源。

AAMA（Asia America Multi-Technology Association）一九七九年成立於矽谷，原來是一群在美國從事科技業的亞裔企業家所組成的聯誼會，透過資源交流分享促進會員企業發展。

▲「成功不可複製，智慧可以傳承」，邀請重量級的企業人士擔任導師，進行兩年的創業輔導

找創業家　扮演導師

但二〇〇四年後在中國各分會及台北所推出「搖籃計劃」，並非來自美國經驗，而是因應亞洲蓬勃的創業趨勢，實現「創業家幫助創業家」理念所建構的平台，顏校長特別引進Deloitte內部員工培訓的導師制度，邀請產業各界專業人士擔任創業家導師，以其豐富的經驗輔導創業家成長，增加事業未來成功的可能性。

二〇一二年「AAMA台北搖籃計劃」正式啟動，特別鎖定營運即將邁入關鍵成長期的新創事業，每年徵選二十名創業者，廣泛涵蓋數位科技、生活服務、社會企業等不同產業項目，提供兩年的創業輔導，包括：媒合一位專屬導師，近身學習其創業及事業管理的智慧與經驗，一同訂定學習計畫、檢視進度。

此外，AAMA舉辦創業導師分享會及實務課程，主題含括品牌行銷、國際化、融資、財務、組織管理等，增進創業相關的知識與技能；兩天一夜的創業營、AAMA家族聚會、海外參訪行程，更有

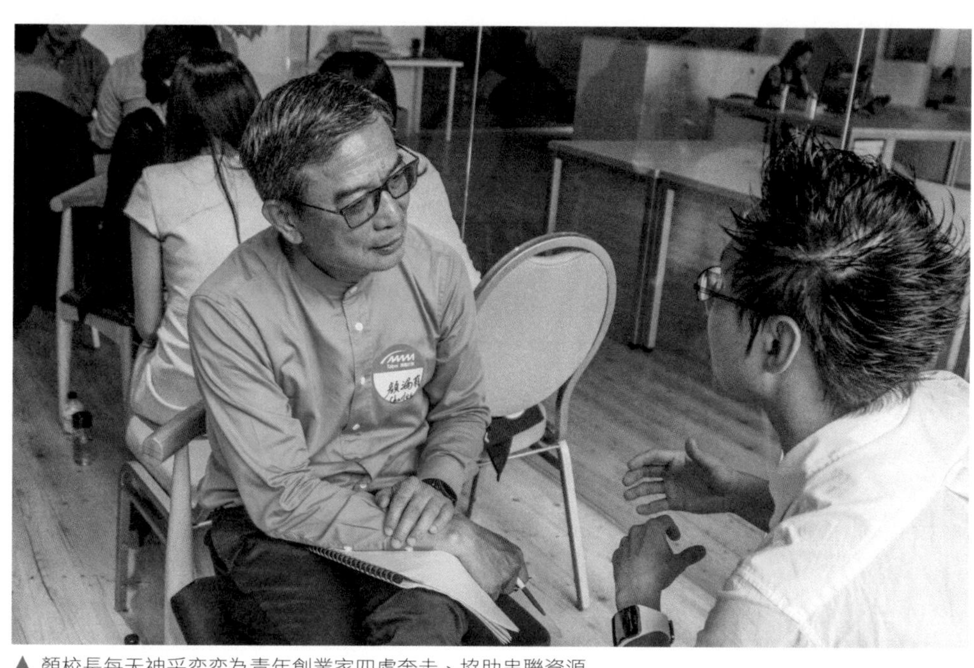

▲ 顏校長每天神采奕奕為青年創業家四處奔走、協助串聯資源

助於創業者彼此交流，延伸國際視野及海內外資源連結。

堅強的企業導師陣容，是整個計畫運作的核心。AAMA以「成功不可複製、智慧可以傳承」的精神，每年邀請重量級的企業人士擔任導師，PC Home集團董事長詹宏志，研華科技董事長劉克振.Google Taiwan董事總經理簡立峰、肯夢集團創辦人朱平、夢田文創創辦人蘇麗媚、資深國際投資銀行家陳嫦芬等都在導師名單之列。

在顏校長的熱心、熱情與使命感的號召下，資歷豐富的導師們紛紛投入、貢獻所能，不論在事業發展或人生思考上，協助新世代創業家突破瓶頸、更上層樓，用行動成就台灣企業界的薪火傳承。

台北搖籃計劃已邁入第五年，平台上共聚集了四十七位導師與一百零四位創業家，數位科技Appier、推動社企發展的社企流、綠能科技、凱納公司，以及翻轉傳產的企業二代林三益和茶籽堂等都是旗下輔導的公司。相較於Garage+育成年輕團隊，從無到有的創立過程，AAMA則是定位為協助新創公司成長、進而脫胎換骨成為中堅企業。

▲ 進而建構創業家的有機生態圈，促成跨期、跨領域的創業家發展合作關係，幫助彼此業務成長

傳承回饋　代代接力

AAMA成功建立起一種培育新世代企業家的模式，透過分享、傳承與回饋的運作機制，相信今日的學員未來成為導師時也會無私奉獻、惠及其他創業後起之秀，代代接力，進而形成一種良善的循環。未來平台也會積極連結更多學習、資金與人才資源，豐富台灣創業生態的多元發展，顏校長期許在未來幾年內，能夠打造出數個市值達十億美元的台灣新世代標竿企業。

風光經歷了學業、事業人生的前兩階段，進入人生第三階段，顏校長退而不休，從服務大企業到輔導青年創業家，角色從總裁到校長，「事業」無縫接軌到「志業」，延續的是寶貴的專業經驗與智慧，擴大的是社會影響力。在幫助新世代開創未來、再創經濟高峰的志業中，「顏校長」也為台灣企業界立下良好的典範。

▲ 協助新世代創業家突破瓶頸、更上層樓，用行動成就台灣企業界的薪火傳承

薪火傳承的能量

培育台灣新世代具指標性創業家

AAMA校長　顏漏有

新創企業在成長過程通常經歷創業萌芽、想法驗證、初創期、成長期，而創辦人本身可能擁有產業或技術的專業知識，卻缺乏企業經營管理的經驗。在台灣，也不乏針對新創輔導的服務平台，其中「AAMA台北搖籃計劃」則是少數針對成長期創業家的公益平台。創業者的熱情初衷必須成長為企業家的經營格局，事業才能永續發展。AAMA台北搖籃計劃協助新創企業，不僅是經營事業的單一個體，更期待是代表台灣未來二十年商業景象的縮影

AAMA一九七九年成立於美國矽谷，創立目的為加強企業間聯繫、促進亞太地區商業發展、提升管理和領導階層的成長，是美國矽谷科技商務協會中的領導者之一。AAMA北京、上海、珠三角分會陸續在二〇〇四年後在中國成立，二〇〇六年北京

▲ 不同的創業階段會面臨不同的挑戰，創業者需要持續提升經營管理能力，帶領公司成長

分會在前德勤中國策略長顏漏有的推動下正式成立〈北京搖籃計劃〉，連結導師及各項資源以協助年輕創業家。二〇一二年五月AAMA台北分會在《數位時代》發行人詹宏志先生以及顏漏有先生共同發起下正式成立，以推動「台北搖籃計劃」為主要工作，建構成長期創業家的公益學習平台，並有三大重點：

・建構導師與創業家一對一的經驗分享及學習平台

・連結中大企業、政府機構、創投機構及創業社群各項資源

・連結AAMA各分會及國際資源，擴大跨國交流與學習

AAMA台北搖籃計劃創立後，具有創業成功經驗的企業家及跨國／大型企業高階主管受邀擔任創業家的業師，並連結各項資源包括中大型企業、政府機構、媒體、金融創投機構。以協助年輕創業家。這也驗證了詹先生過去曾經提到「在台灣每一個角落，只要有一個「好理由」總有人會跳出來奉獻，而這其實就是改造社會的革命。」

AAMA台北搖籃計劃以「成功不可複製，智慧

可以傳承」為理念，每年邀請十二位成功創業家及專業經理人擔任導師，並招募甄選二十多位具潛力的創業家，進行為期兩年的學習輔導。

AAMA台北搖籃計劃營運至今（二〇一二年五月—二〇一八年八月），正式邁入第七期，目前累計共六十六位導師及一百五十位創業家參與，創業家領域涵括數位科技類（佔AAMA創業家五〇%）、生活服務類（佔四〇%）、社會企業類（佔一〇%）。許多新創企業在過去幾年均達成快速成長的目標。截至目前已累積超過新台幣六十億的融資金額。許多前期的創業家，他們所的維運經驗也能回頭來指導後期的創業家，讓AAMA從成長期公益學習平台，進而建構創業家的有機生態圈，促成跨期、跨領域的創業家發展合作關係，幫助彼此的業務成長，而跨期創業家也發展次團體、透過定期聚會，共享資源與經驗，彼此從學習中成長。

AAMA台北搖籃計劃也將在未來持續擴展此模式，並引入及連結更多資源，成為成長期創業家最有力的支持者。

台新銀行公益慈善基金會
Taishin Charity Foundation

▲ 鄭家鐘卸下媒體董座職務，人生旅途也從事業走向志業

鄭家鐘（台新文化藝術基金會董事長／前中天電視董事長）

人生下半場　做別人的天使

資深媒體人鄭家鐘，一路從記者、採訪主任到總編輯，歷任工商時報社長、中視總經理及中天電視董事長等職務，見證了台灣媒體生態的變遷，也是少數資歷含括平面、電視、網路的媒體人士。卸下媒體董座職務，隨即受邀接掌台新銀行公益慈善基金會及台新文化藝術基金會，人生旅途也從事業走向志業。

鑒於台灣慈善資源分配呈現M型化現象，八〇%的捐款流向前幾大慈善機構、近六萬家中小型

▲ 賦能比給錢救急更根本，做的是「讓人可以站起來的公益」

社福團體只分配到二〇%的資源，為破除大者恆大、小者恆小的惡性循環，進而協助社福團體自立，落實台新吳董「給魚吃、給釣竿、教釣魚，最後能自建魚池」的永續慈善理念。二〇一〇年起鄭家鐘開始推動「您的一票、決定愛的力量」，台灣第一個大型網路公益組織，帶領志工協助在各個角落默默努力的社福團體被社會看見。

政府核准設立的社福團體，均可在活動平台上提出一個一年內可執行完成的專案，由大眾票選決定贊助提案，最後由基金會捐助金額並追蹤執行成果，從提案、投票到結案，一切公開透明，減少不信任的阻力。

表面上看是投票競賽、爭取資金，但在過程中建立社福團體自立能力才是整個活動的核心重點。首先必須站出來面對社會、寫自己的故事獲取認同、行銷自己爭取選票、之後完成計畫的執行力、財會支出管理等等，這些都是輔導團體自立更生的基礎要件。跟尤努斯創立窮人銀行一樣，鄭家鐘堅信每項創新的背後都有一套「讓人會自己好，可以站起來的務實規則」，既簡單又能執行到底，才能

▲「你的一票決定愛的力量」，迄今募集1.3億元的金錢與資源，600多個小型公益團體受惠

永續。

因為社福團體涉及議題層面廣泛，所需能力五花八門，鄭家鐘運用長期累積的人脈進一步設立企業天使團，號召企業界共襄盛舉，提供更多元的資源與協助，即使未入選的社福團體，也能獲得與企業天使團資源媒合的機會。手工皂製作、烘培技術，乃至於群眾募資操作、商品設計宣傳，由資金贈與轉向能力贈與，成功整合企業各界資源投入公益個案輔導，也是平台的創新特色之一。「我們自許是一個發動機的角色，有足夠的動能就能帶動起社會上這股善的循環，大家持續互助、成就彼此。」

除了社福團體，鄭家鐘對於台灣新生代藝術家的支持，也是不遺餘力。台新金控總部大廳，長期提供台灣年輕藝術家第一次公開展覽作品的機會；近期則是傾力扶植一群由台灣優秀音樂家組成，用西方古典管絃樂重新演繹本土樂曲的「灣聲樂團」。「我們的古典音樂文化，向來缺乏與在地的場域和土壤接軌，這也說明了為什麼灣聲樂團演奏的橄欖樹、望春風及客家歌謠，特別能讓人感動、

▲ 成功帶動起集團內員工參與志工服務的風氣

引發共鳴。」鄭家鐘的加持引薦之下，成立不久的灣聲樂團，其售票音樂會開出亮眼的票房，也迅速獲得多個企業邀請演出。

對鄭家鐘來說，如果將人生喻為球賽，上半場是練習場、下半場才是真正的主場開打！人生上半場叫「聚」，也叫得到，下半場叫「散」，也叫付出，因此必須善用上半場的積累，發揮最大效益來幫助這個社會，讓人可以更好。

以前為自己出征、現在為別人出征，離開原來舒適圈不再是壓力反而處處寶藏。鄭家鐘帶著志工及企業界人士「做別人天使，才能做自己天使」，不僅實踐本專欄薪火新苗所代表的精神，也開啓自己人生下半場的另一樂章！

▲ 台新員工總動員，與樂山教養院院童聖誕同歡

薪火傳承的能量

公益是條迷人的路

台新文化藝術基金會董事長　鄭家鐘

走過八個年頭，台新銀行公益慈善基金會舉辦的「你的一票決定愛的力量」大型網路提案票選活動今年邁入第九屆！回想當初吳東亮先生創辦公益慈善基金會，賦予我在內的幾個同仁籌劃推出公益活動，就因為嚴長壽先生一句話「別再拿公益之名放煙火了！」觸動一群年輕人想出用網路提案來做公益，訓練社福團體自我行銷能力，延續台新銀行協助九二一地震災區的「給魚吃不如給釣竿」的公益精神。

從二〇一〇年迄今這個活動進行八屆，總共有超過二百萬人上網投票，投票總數超過七百五十萬票，推動了一．三億元的金錢與資源捐助，六百多個小型公益團體受惠。而且已有幾十家團體畢業，他們把機會讓給別人之餘還成立聯誼會也加入助人的天使團！

回首這八年，由想法到作法，這真是一條迷人的路，也體會「成為別人的好環境」需要很多人的成全。台新吳董的願意把愛傳出去，是出自他內心對人的關懷。這八年來他擔任志工團長、每年請優良志工吃飯面對面了解公益服務，親自參加志工下鄉服務、提供主管會議時間表揚志工模範，帶動台新上下參與志工服務的風氣。

沒有這樣的領導者，要營造這個平台的永續發展，是不可能的。

也特別要感謝第一年參與的那些台新人，他們從提出網路票選後就開始找可能的缺點，如灌票、不公平競爭、及大者恆大、執行不受監督等所有票選活動的弊端，在「從結果想回來」的前提下，大家熱烈討論，發展出一套公平透明及為結果負責的遊戲規則，來作為「幫助人自己站起來的公益」這個目標的執行基礎！

這個理念也獲得研華文教基金會、中華電信基金會等策略夥伴的長期支持，並有多家非常重要的基金會如王月蘭基金會、法藍瓷文教基金會等也願意來共同合作。這要歸功基金會執行長林明男、秘書長郝名媛帶著年輕同事以托缽的精神去拜訪企業、基金會及社福界夥伴，贏得大家的接受。

你的一票決定愛的力量要達成「讓人可以站起來」的目標，除了運用網路做公益整套的教育與動員外，還有更核心的三個區塊。

一為號召企業加入天使團，提供能力協助社福團體，我們認為賦能比給錢救急更根本，幾年來幾十家投入給社福團體能力，其可歌可泣的行誼，才真正驗證出以善良的動機，是台灣真正的軟實力，它比投票行銷更能發揮給人釣竿的動能！

二是多方協助的創意：我們的夥伴在協助公益團體的過程中，不光是捐款的執行，也發展出各種協助模式，包括物資募集、藝術家幫忙設計包裝、彩繪外牆，微光計畫針對落選團體提供長期協助、商品協銷、小額募款，校園公益等，只要哪裡有需要，我們的關心就會到那裡。最近老化社會已迫在眉睫，我們也邀請信義公益基金會，輔具社企加入平台開始為社區老化、老年自立支持，來做扶植。

對於跟青年創業與社福轉型相關社會企業領域，我們先後引進聯合報願景工作室、實踐家文教

▲ 媒體溝通工作坊——培訓社福團體自我行銷能力

基金會，衆社企及尤努斯基金會，來加入策略夥伴，讓公益的光譜能涵蓋社會當下的需要。

三、做為執行的基石，台新員工總動員是執行「讓人可以站起來的公益」最重要的依靠。

每年直接負責參與得獎團體全年關懷協助的常年志工需要超過兩百個，而投票活動各階段參與事前提案諮詢，事中行銷協助團體認養服務的，更是遍及所有台新分行及部門，事後實地走訪的，恐怕總人數含眷屬超過千人以上。

八年多來，公益時程已經內建為台新各部門的隱形習慣，七月分個金、法金都開始跟客戶募集公益基金、而且金額迭創高峰，來自客戶的支持愈趨顯著，公益成為與客戶互動的善念關係，益發增進雙方的緊密連結。總之，這個讓人可以站起來的公益之所以能實現它的願景「做為台灣善循環的發動機」靠的是所有人的願意付出，成全，成為彼此生命中的貴人！邁入第九年只有無以形容的「大感謝」！

Epoch
時代基金會

▲ 在傳播、公共關係領域任職多年，趙如媛加入基金會後推動一系列的未來青年培育計畫

趙如媛

（時代基金會執行長／前聯太國際資深群總監）

Garage+創業薪火　世代接力

矽谷車庫創業文化，造就許多稱霸一方的跨國企業。在台灣「Garage+」創業育成中心，結合國內創新創業資源，共同提攜後進、扶植新創事業，幕後推手「時代基金會」是台灣產業薪火承先啓後的最佳演繹者。

專業交流　知識經濟推手

時代基金會由徐小波先生與當時的麻省理工史

▲ Startup Global Program每梯次為團隊安排超過100場與台灣企業決策高層一對一會議

隆管理學院院長梭羅教授（Lester C.Thurow）在一九九一年創立，以推動知識經濟的橋樑自許，初期引進國外知名學府的研發計畫與台灣產業界分享交流，促進國內企業與世界經濟接軌，多年來受到國內企業的支持。

曾在傳播、公共關係領域任職多年，執行長趙如媛於一九九八年加入基金會，她推動一系列的未來青年培育計畫，為台灣養才、育才並展望世界。例如「學生實習旗艦計畫」是為期一年的實習工作及訓練課程，透過累產業資料收集分析、參與專案執行等實務經驗，協助學生及早適應職場、培養團隊溝通及競合能力。

二〇〇三年設計的「國際青年創業領袖計畫（Young Entrepreneurs of the Future-YEF）」，是一個六至十二個月跨領域、跨國際、跨自我的學習計畫，培養年輕人勇於開創、接受挑戰的創新精神，並提供機會讓學子前往美國參訪各大名校、與在地創業家及全球企業專業人士交流，是台灣少數培養年輕人建立國際網絡、擴展國際視野的學習平台。

擴展視野　打造學習平台

「培育一群具備影響力的新生代人才，並透過持續性地投入，擴大影響力」是基金會從未間斷的信念。

至今YEF計畫執行已邁入第十六年，培養超過三千名優秀青年，分布全球各地，有的在頂尖大學擔任教授、有的位居企業要職、有的自行創業，所建立起來的龐大社群網絡，是YEF最重要的資產。

著眼於青年創新創業的風潮興起，為了讓台灣創業環境更友善，二〇〇八年成立育成中心Garage+，不但獲得嘉新兆福文化基金會捐贈二百坪空間，更有近三十家上市櫃企業支持贊助，共同經營一個能接軌國際的創業社群。

在趙如媛的精心打造下，Garage+環境色彩繽紛、充滿活力，是台灣最具規模的育成加速器，麻省理工電腦暨人工智慧實驗室第一個海外孵化器合作夥伴也是Garage+。

整合基金會長期累積的產學合作人脈與資源，Garage+提供新創團隊資金、業師、課程訓練、人才招募及工作空間。至二〇一八年，輔導近二百個新創團隊，成功募款率達七五％；同時，超過二十家被併購、二十多家已在海外設點及辦事處、三十多家服務及產品行銷全球，發展動能仍持續中。

輔導創新　注入國際能量

除了協助台灣團隊走向國際，Garage+自二〇一五年起透過Startup Global Program招募國際新創團隊，協助連結台灣企業，共創商機。至今累計吸引五十三國、超過七百六十組團隊申請，入選來台的八十九家新創團隊中，高達三分之一取得台灣企業的訂單、投資及合作機會，以及返台成立分公司和辦事處，例如來自美國虛擬實境相機研發團隊LucidCam VR獲得緯創資通的投資和製造支援；荷蘭Sorama公司，透過辨別、控制音波震動，有效發現噪音源，進一步減少噪音，二〇一六年參與Startup Global Program後，已與超過十家台灣企業合作，包括捷安特、研華科技、仁寶，並從台灣出發，拓展日本及中國市場。

▲ YEF海外參訪代表魏孝丞（右2）與邱哲良（右1），將獲得Android Developer Challenge之獎金捐回時代基金會

趙如媛期望建立Garage+成為一個全球創業者在亞洲地區的創業發展中心，同時也為台灣產業注入更多創新能量。從育才到育成一連串亮眼的成績，歸功於趙如媛對理想的熱情、堅持與執行力，營造如大家庭般的氛圍，對於每位成員的動態與成就如數家珍，即使學子、新創團隊遭遇挫折，也給予最大的支持與鼓勵，「這是一場有人挺你的冒險」！是承諾、也是她願意肩負起的責任。

專業經理人轉身投入非營利組織，串聯國外夥伴及台灣社會資源，由成功的企業家出錢出力，扶植新世代創業，Garage+為台灣創業生態永續發展立下典範。

▲ Garage+嘉新空間開幕，廣達電腦林百里董事長與麻省理工學院校長Rafael Reif 合影

未來，要靠好人才！

時代基金會執行長　趙如媛

很難想像，Garage+育成計畫當年成立的第一筆贊助款，是敝會「國際青年創業領袖計畫」（Young Entrepreneurs of the Future，簡稱YEF）二〇〇三年的魏孝丞和二〇〇四年的邱哲良參加Google第一年舉辦全球Android開發者大賽贏來的獎金。

就如同更早的近三十年前，時代基金會創會時的創辦人們，大多不過是四十歲的壯年企業家，他們在拼搏事業之外，對於社會、下一代的期許與付出。是時代基金會一路走來的最大支柱！

從一張桌子開始的NPO

回顧過去，時代基金會從借用其他企業的辦公室、一張辦公桌開始冒險的旅程，許多看似無

▲ Garage+ 是麻省理工電腦暨人工智慧實驗室第一個海外孵化器合作夥伴

心插柳的作為，其實背後有很深的期許，而企業界的無私投入，時代基金會「畢業生」（Epoch Alumni）、國內外創業人（Fellows）在這個平台上的貢獻，讓基金會在推動各項計畫時，就像雲霄飛車的飛輪一樣，起步上坡時無比艱辛，一旦爬升，加乘的力道讓轉動的速度輕鬆上雲端！

這些與基金會息息相關的人，在開展的世界地圖上，分布各地、來自各領域、各種族，唯一相同的是：創新、創業精神（Entrepreneurship）、胼手胝足、堅持、互助合作、熱情流動在彼此的交流中。就在這週，我們同時在台灣、加拿大最大育成中心 MaRS、以色列台拉維夫 Google Campus 同步舉辦第七梯次 Startup Global Program（SGP）說明活動，台上侃侃而談的即是來自各國的創業人——時代基金會 SGP Fellows。

時代基金會自然而然的成為這些國際級科學家、創業人和專業人士的交流平台，這些充滿 entrepreneurship 精神的人，對於全球化的世界和個人面對未來的挑戰，往往有不同的思考，更勇於啓動內在實踐自己的熱情和能量！

混渾的世界，充滿機會

全世界都焦慮，複雜的全球化現象，科技發展速度遠超過人類接受速度、環境崩壞、外加眼前的貿易爭端，彼此交互作用並影響，把全人類的命運變得息息相關。面對挑戰，成了我們這一代人的「日常生活」。

站在這個時間點上，我們怎麼讓資本、技術、專業知識、人才跨國往來，透過創新來解決真實的問題？為社會創造蓬勃生氣和更好的生活，這是做為非營利組織的我們努力近三十年的願景！

幸好，未來看似前路嚴苛，困難重重，但也蘊藏著無窮的機會。

人才，是關鍵

台灣DNA裡的特質，讓蕞爾小島憑空生出成千成萬個企業家、專業人士和各類人才，人才一直是台灣前進的關鍵。在全球化的地圖裡，人才自由流動，蘋果現任執行長，庫克（Tim Cook）曾說，誰能掌握人才，誰就掌握了未來競爭的關鍵之鑰。企業對高素質人才的需求翻倍的提高，大家都意識到高素質的人才是企業競逐全球戰場的關鍵。其實，不只企業，社會、國家、區域的未來，也靠好人才！

我們怎麼讓人才往台灣流動呢？因為我們的「產出」明顯不足。日前在加拿大蒙特樓（Montreal）碰到原先在波士頓麻省理工學院電腦暨人工智慧實驗室（MIT，CSAIL）的博士後研究生，因為伊朗國籍不能再停留在美國，只好就近來到蒙特樓並且創業。來的不只她一人，一群博士、高技術人才，因更包容的社會氛圍、好品質的生活環境、開放的政策而移居到蒙特樓，為原本稍稍沉悶的蒙特樓注入一股活水。我心裡想著台灣，我們要再抓住機運乘風而起，沒有完美的解答，但想想為什麼有些地區一流人才源源不絕湧入，他們做對了什麼？我們該做什麼？才能讓具興業精神的一流人才群聚而來。是大破大立的時候了。

▲ 2016年首次帶領Startup Global Program團隊於InnoVex參展，吸引逾萬人來訪洽談

蔡清彥

（台灣工研新創協會董事長／前工業技術研究院董事長）

引進矽谷精神　點燃新創火苗

前工研院董事長蔡清彥走過台灣科技產業轉型的關鍵時刻，經歷產業典範從個人電腦轉移至智慧手機，並且引入矽谷創新經濟模式到工研院。持續在業界扮演業師（Mentor）的他，孕育許多的新創團隊。然而，台灣究竟如何才能真正點燃如同矽谷精神的創新火苗？

老將帶新人　一棒傳一棒

「台灣正需要老一代給新一代舞台與機會，這樣就能交棒與傳承下去，台灣的科技與經濟發展才能生生不息；國家也才能靠這股新興的新創產業進而轉型成功，打造國家的競爭力。」為台灣的轉型契機，蔡董給了這樣的答案。過去，台灣歷經農業轉型工業、工業轉型科技產業的產業轉型階段，創造台灣經濟奇蹟，前行政院長孫運璿與前經濟部長李國鼎是產業轉型重要的推手，蔡董認為，當年他們創立工研院並引進創投制度，這就是矽谷的精神，帶動產業的蓬勃發展，扶持台積電與聯電兩大晶圓大廠，創造了台灣半導體傳奇，也共同見證工研院在台灣產業開枝散葉的能量。

「我們都是受益者，要再把棒子接起來，傳承給新世代。」因為這樣的起心動念，蔡董召集過去二十—三十年從工研院分拆（spin-off）成立的公司，包括台積電、聯電、聯發科等，或曾經接受過工研院資助的團隊們，目前這些工研院子弟兵們也成長茁壯了，不是成功企業主，就是產業高階專業經理人。

二〇一六年，「台灣工研新創協會」在蔡董的催生之下成立，借鏡矽谷精神，讓創新的光與熱再度燃起，由上一代企業家協助年輕人創業，一棒接一棒的傳承，帶動產業老將投入支持新創的行列，輔導新創事業創業，同時，搭起台灣創業家與政府溝通橋樑，建設台灣成為華人創新創業中心的基地。推動台灣創新創業，除了靠「人」的資源之外，還要有「資金」的投入，於是，一群由同樣背景的工研院畢業生組成「台灣工研群英基金」。

創新活力　事業體換腦袋

蔡董發現過去工研院在訪查新創團隊時，大多數都是技術背景出身的創業者，不一定懂行銷與財務，因此，協會平台可扮揮「Mentor Network」的角色，整合外部資源，基金平台則是可發揮「Angel Network」的角色，挹注創業資金，投資新創團隊。

蔡董透過協會平台及基金平台持續凝聚各界有心人士並耐心育成，目的就是要讓創新活力源源不止，為年輕人創造更多的舞台。不過，蔡董坦言，「台灣創業環境現在變差很多。」為何無法形塑如同矽谷創新創業的系統？他認為，文化是關鍵因素，矽谷的精神就是不斷創新，持續讓事業體換腦袋，大家都看到矽谷打造了科技鉅子Apple、Google、Facebook，而從Google併購的案例，更可以看到矽谷創業家找尋創新的能力，最後帶動產業的變革。

此外，許多成功創業家與創投的持續投入資源，讓過去成功的創業經驗傳承下去，他們在矽谷是「創造舞台，而不是創造講台。」反觀台灣，大部分成功創業家，還站在第一線，堅守著自己的本業，不積極投資年輕人，缺少了接棒的能量，這樣的現象是台灣產業轉型需面臨的課題與挑戰。

結伴創業　要做出差異化

「一個國家能成功轉型是靠新創。」蔡董認為，在台灣，個人電腦公司要成功轉型為手機公司，有一定困難，但是，如果創新創業能在台灣形成強而有力的一股力量，國家轉型就容易了，一定可以翻轉台灣，再創奇蹟。

「我們這一代要留給下一代什麼？」死於芝加哥瘋人院的一位老人在「瘋子遺言」中，闡述著財產微不足道，保留給下一代是田野的花朵、垂釣的河塘、滑水的冬野等美好景象。這些話觸動著蔡董的心，他思考著上一代留下來的高科技，除了網際網路，還需要一股影響世代的關鍵力量。蔡董呼籲著新一代創業家要有「差異化的競爭力」，還要有「不怕失敗的勇氣」，更要懂得「結夥伴創業」，並厚實行銷及財務管理能力。另一方面，他要鼓勵更多人點燃創業火種，讓創新之火延續下來。

二〇一六年，蔡董因長期發展科技引領產業升級，與培植人才不遺餘力，獲得前總統馬英九頒贈二等景星勳章的肯定。我們更可以在《風雲行動者》一書看到蔡董一生致力於產學整合與創新創業的奉獻。過去，在他主導之下引進矽谷新創精神與模式到工研院，在台灣創造五十多家新創公司，退休後的他仍不改其志，孕育了「台灣工研新創協會」與「台灣工研群英基金」兩平台的成立，在業界持續扮演舵手，同時，他也積極號召更多老將站出來，力挺年輕世代，讓台灣從代工稱王能逐步轉型成為創業稱王。

Think Locally, Act Globally

台灣工研新創協會董事長　蔡清彥

這幾年台灣經濟、產業環境的變化，相信大家都感同身受。隨著智慧終端典範轉移，以及行動網際網路時代來臨，產業均面臨轉型考驗。

過去長期在工研院推動創新、創業，最讓我感到欣慰的是，二〇一一年到二〇一六年退休之際，工研院共孕育出五十多家新創公司，這些新血遍布電光、生醫、材料化學、資通訊、機械到綠能等，而且很多是跨領域的結合。更高興的是，這些努力也從院內擴散到院外。現在，從政府到民間，都能看到創新創業的風氣蓬勃發展。

觀察這幾年的科技趨勢，軟硬整合、物聯網的方向已經相當明確。台灣在資訊硬體、關鍵零組件的設計製造具備豐厚的能量，螞蟻雄兵式的垂直供應鏈，正可幫全球的新創業者實現夢想。如何讓技術形成創新價值鏈，找到在全球競爭中的角色，是一項嚴肅的課題。

引領全球電動車風潮的特斯拉（Tesla）公司，創業初期為找零組件供應商吃足苦頭，找到台灣供應商後才漸入佳境，特斯拉所生產的電動車一度有高達四分之一的零組件，包括電控系統、馬達與電池都是「Made in Taiwan」；其他也有國外醫療器材的新創公司，從研發到製造，始終與台灣供應鏈緊緊相連。把實驗室的雛形品，成功提昇到量產線，是台灣最擅長的，如果說全球的創新重鎮在矽谷，那實現全球新創業者的夢想基地就是在台灣。

加強鏈結矽谷、探索台灣創新之路，也是我積極推動的計畫。平均每五到十年，矽谷就會出現改變世界的產品或新興產業。台灣在一九八〇至一九九〇年代科技產業發展，即是奠基在矽谷台籍創業家、工程師們和出生地台灣的連結之上，促成跨太平洋的技術移轉、創業投資和供應鏈合作。台灣必須重新鏈結矽谷，促進雙邊人才、資金與知識的交流，進而建立創新創業生態體系，即使無法全然複製矽谷的成功或取代其重要性，但若能為台灣注入新興產業創業的活水，引領台灣新創團隊前進國際市場，創新創業的精神與文化才有永續發展的契機。

此外，矽谷的創業模式，投資或創業成功的企業家都會成為其他創業者的天使投資人，這一點很值得台灣借鏡。上一代創業成功者應提攜後進，回頭投資扶植新創事業，讓更多年輕一代的創業者順利成功，才能營造一個創新創業的沃土，達到一棒接一棒的傳承。給年輕人機會就是給台灣機會，唯有培育更多的年輕創業家，讓年輕人有發揮的舞台，台灣的產業將能走出屬於自己的路，開創屬於自己的美好未來。

「Think Locally, Act Globally（聚焦台灣優勢、全球化行動）」，我們從台灣出發，以本地的需求與優勢，鏈結至全球的市場與發展，共同塑造生生不息的利他經濟時代。

〈結語〉

科技、教育、國際　追求台灣的無限可能

美商中經合集團　董事總經理　朱永光

台灣如何向前邁進，打造下一世代競爭優勢？面對數位時代及新經濟浪潮，從本書所收錄的案例中，不論是傳產再進化、新時代企業或是社會創新事業，展望未來台灣產業及經濟發展，其關鍵力在於科技、教育與國際。

科技典範正在轉移，更是能帶動各項產業發展的火車頭，如何發展並善用科技力，將是翻轉舊經濟最強而有效的工具。這裡所談的科技，不再只是傳統的硬體技術，還包括社群媒體、IOT萬物互聯、AI人工智慧、大數據分析及區塊鏈等新興軟體技術。從這些案例中，我們可以看到創新公司如何掌握、運用新興科技，增加公司產品及服務的含金量、提高競爭門檻，促進營運效率、降低營運成本，開闢新市場，加速建立品牌，進而產生「產業＋」的加值效應。

人才一直是啓動新創事業的原動力，而台灣向來也都是以擁有優質的工程人才著稱，然而面對新世代經濟的快速發展，除了傳統的教育體系，更應該善加運用科技所打造的體制外數位線上教育平台，如Teach For Taiwan、均一教育平台，彌補政府教育資源的不足，讓教育可以更平民、更廣泛的善惠大衆；同時更要加強跨領域的能力養成，包括人文、藝術等，以及在學校後、職涯中，持續培養更多具備跨領域思維與解決問題能力的創新、實作人才，以因應未來產業變革等考驗。

台灣是個海島，相對所擁有的資源較少、市場

規模較小，與國際市場接軌是必然的選項。一方面應建設打造台灣，吸引外資、外力，推動整體經濟產業發展，另一方面也要積極協助年輕世代拓展國際視野、增加國際競爭力，提升台灣新創在國際間的能見度，在競爭激烈的國際盃戰場上，奮力搶得先機。善用台灣科技實力、人才優勢，找到一個創新、可行的商業模式，「立足台灣、迎向國際市場」是本書中成功案例的一大共通點。

投入薪火新苗計劃的過程中，最令我感動的是看到猶如電影《高年級實習生》的場景，在台灣真實重現，年輕創業家虛心跟資深前輩在人生、家庭、事業上請益，突破成長瓶頸，而企業人士也在退休或卸下職務後，另闢場域貢獻自己的專業與智慧，找到人生新價值，如：前中華電信呂董事長，退休後擔任交大教授，傳授職場企業的領導管理實務；前華鴻創投顏副董創辦並擔任AAMA校長，組織企業人士擔任成長期企業的導師；前聯太國際資深趙總監協同時代基金會，打造的Garage+，引進國際團隊進駐台灣，也組織台灣團隊遠赴國外實地培訓並媒介國際團隊合作。新苗薪火，兩代攜手共創價值、激盪出跨世代的智慧火花，引爆台灣產業的下一波輝煌。

誠如王文華在序言所說，他想再年輕一次，因為當今這個時代的科技、金融、市場環境，給予年輕人無限的舞台，但也因為時代的這種特性，必然面臨了更多的競爭、挫敗、分心。大浪來臨的時刻也是天賜良機，當大浪頻頻出現，即表示機會無限，是當前情勢的寫照，縱使遭遇挫折失敗，讓它們成為成功的養分，正是因為未來充滿未知數，才有無限可能！

最後，要感謝我的家人，尤其是親愛、賢慧的妻子CC，三十多年來她全心全力持家、理財、教育一雙兒女，讓我沒有後顧之憂可以投入工作及事業。過程中不免犧牲許多相處共遊的時光，才得以利用公暇之餘經營經濟日報專欄，為台灣的新創產業貢獻心力，並將這些歷史的見證出版成冊。由衷感謝她長期以來對家庭的付出及對我的包容，她的支持是我最強大的後盾。

啟思路11　PI0050

新苗・薪火

──追求台灣的無限可能

編　　者　朱永光
責任編輯　陳慈蓉
圖文排版　楊家齊
封面設計　王嵩賀

出版策劃　釀出版
製作發行　秀威資訊科技股份有限公司
114 台北市內湖區瑞光路76巷65號1樓
電話：+886-2-2796-3638　傳真：+886-2-2796-1377
服務信箱：service@showwe.com.tw
http://www.showwe.com.tw
郵政劃撥　19563868　戶名：秀威資訊科技股份有限公司
展售門市　國家書店【松江門市】
104 台北市中山區松江路209號1樓
電話：+886-2-2518-0207　傳真：+886-2-2518-0778
網路訂購　秀威網路書店：https://store.showwe.tw
國家網路書店：https://www.govbooks.com.tw
法律顧問　毛國樑　律師
總 經 銷　聯合發行股份有限公司
231新北市新店區寶橋路235巷6弄6號4F
電話：+886-2-2917-8022　傳真：+886-2-2915-6275

出版日期　2019年1月　BOD一版
定　　價　450元

Printed in Taiwan

國家圖書館出版品預行編目

薪火.新苗：追求台灣的無限可能 / 朱永光編著. -- 一版. -- 臺北市：釀出版, 2019.1
面；　公分. -- (啟思路；11)
BOD版
ISBN 978-986-445-300-9(平裝)

1. 臺灣經濟　2. 經濟發展　3. 文集

552.337　　107019445

讀者回函卡

感謝您購買本書，為提升服務品質，請填妥以下資料，將讀者回函卡直接寄回或傳真本公司，收到您的寶貴意見後，我們會收藏記錄及檢討，謝謝！

如您需要了解本公司最新出版書目、購書優惠或企劃活動，歡迎您上網查詢或下載相關資料：http:// www.showwe.com.tw

您購買的書名：______________________________

出生日期：________年________月________日

學歷：□高中（含）以下　□大專　□研究所（含）以上

職業：□製造業　□金融業　□資訊業　□軍警　□傳播業　□自由業

□服務業　□公務員　□教職　□學生　□家管　□其它_____

購書地點：□網路書店　□實體書店　□書展　□郵購　□贈閱　□其他

您從何得知本書的消息？

□網路書店　□實體書店　□網路搜尋　□電子報　□書訊　□雜誌

□傳播媒體　□親友推薦　□網站推薦　□部落格　□其他__________

您對本書的評價：（請填代號　1.非常滿意　2.滿意　3.尚可　4.再改進）

封面設計____　版面編排____　內容____　文／譯筆____　價格____

讀完書後您覺得：

□很有收穫　□有收穫　□收穫不多　□沒收穫

對我們的建議：______________________________

____

____

____

請貼
郵票

11466
台北市内湖區瑞光路 76 巷 65 號 1 樓

秀威資訊科技股份有限公司 收

BOD 數位出版事業部

(請沿線對折寄回，謝謝！)

姓　　名：＿＿＿＿＿＿＿＿ 年齡：＿＿＿＿ 性別：□女　□男

郵遞區號：□□□□□

地　　址：＿＿＿＿＿＿＿＿＿＿＿＿＿＿＿＿＿＿＿＿

聯絡電話：(日) ＿＿＿＿＿＿＿＿＿＿ (夜) ＿＿＿＿＿＿＿＿＿＿

E-mail：＿＿＿＿＿＿＿＿＿＿＿＿＿＿＿＿＿＿＿＿